AF590336

LE PAYSAN RUSSE

1928
BUREAU D'ÉDITIONS
132, Faubourg Saint-Denis
PARIS (X^e)

PRÉFACE

« Parlez-nous de la Russie! » Combien de fois ces mots ont frappé l'oreille de nos camarades dans leurs randonnées à travers les campagnes.

La grande Révolution d'Octobre **1917,** *qui a ébranlé le monde et libéré les paysans sur 1/6 du globe, a eu son retentissement dans le moindre village. Amis et ennemis sont également avides de connaître ce qui se passe dans ce vaste creuset où s'élabore une vie nouvelle. L'exemple de l'U.R.S.S. a démontré aux paysans du monde entier que l'état d'infériorité dans lequel les tient le régime capitaliste n'était pas éternel et qu'une nouvelle édification de la société était possible. La Russie Soviétique est devenue la source inépuisable de force motrice pour l'affranchissement des paysans-travailleurs. Mais aux questions pressantes qui leur étaient posées, nos propagandistes ont dû répondre trop souvent par des réminiscences de lectures dispersées, de provenances les plus diverses, quand parfois ils n'avaient pas recours aux « à peu près » de romans plus ou moins tendancieux. Même un visiteur de l'U.R.S.S. ne peut embrasser qu'une partie bien minime de ce monde qui s'échafaude.*

Nos camarades de la rédaction du C.P.I. ont voulu combler cette lacune. A l'imprécision, à la confusion qui règne dans tant d'esprits ils ont répondu par « la réalité soviétique ». S'appuyant sur des faits et sur des chiffres, ils nous disent dans cette brochure comment se forgea cette alliance des ouvriers et des paysans, préconisée par le génie de Lénine dès 1905, qui arriva à changer la figure sociale des campagnes russes, et à donner aux paysans pauvres et moyens la pleine jouissance de 110 millions d'hectares (la totalité du sol cultivé en France est de 35 millions d'hectares). Il nous montrent l'action persévérante et réalisatrice du gouvernement des soviets pour élever le niveau de culture et de vie des paysans à tous les points de vue. Exposant la vérité toute nue, ils détruisent par cela même les erreurs et les mensonges volontairement semés par les ennemis de la Révolution. Ils nous prouvent la nécessité pour les paysans pauvres de s'orienter vers le travail collectif afin de lutter avantageusement contre les « koulaks » ainsi que la volonté de paix de l'U.R.S.S. où, le pouvoir appartenant aux travailleurs, ne peut plus subsister aucune des raisons qui poussent les pays impérialistes à une politique de guerre.

En écrivant cette brochure la rédaction du C.P.I. a bien œuvré pour le mouvement paysan révolutionnaire.

C. Martel

Secrétaire du Conseil Paysan Français.

AVANT-PROPOS

Le présent ouvrage répond à bien des questions qui ont été posées par des paysans de divers pays à la Rédaction du Correspondant Paysan International.

Ces questions avaient été adressées, dans la presse ou dans des réunions, aux délégués paysans qui ont visité l'U.R.S.S. en novembre 1927 à l'occasion du Xe anniversaire de la révolution d'Octobre et qui ont fourni des comptes rendus de leur voyage. Beaucoup d'entre eux ne pouvant pas toujours faire par eux-mêmes des réponses circonstanciées à toutes les questions nous ont demandé des matériaux et des éclaircissements. Nous avons jugé plus utile de les satisfaire non pas au moyen de lettres particulières ou par la voie de notre revue, mais en éditant une brochure spéciale.

Il en résulte que cette brochure ne porte pas le caractère d'un ouvrage systématiquement composé : elle est faite de réponses à un certain nombre de questions qui intéressent les masses paysannes ou qui ont été faussement présentées par les ennemis de droite ou de « gauche » de l'U.R.S.S.

La présente brochure a été rédigée, sur la de-

mande de la Rédaction, par des collaborateurs du Conseil Paysan International (Internationale Paysanne) travaillant sur les documents originaux.

Nous espérons qu'elle sera de quelque utilité à tous ceux qui ont le désir d'étudier les résultats de l'alliance ouvrière et paysanne dans l'U.R.S.S. et qu'elle leur permettra de se faire une idée claire de l'importance de cette alliance pour la rénovation des campagnes libérées par la révolution du joug des agrariens et des capitalistes et en train de créer une société nouvelle sans exploitation et sans oppression.

La Rédaction espère également que cet ouvrage contribuera à faire plus largement connaître la vérité sur la condition des paysans dans l'U.R.S.S., ainsi que les principes sur lesquels le premier Etat ouvrier et paysan est bâti.

La Rédaction
du « Correspondant paysan international ».

I

Les paysans russes et les partis politiques de Février 1917

1. Quelles sont les forces qui renversèrent le tsarisme?

La guerre mondiale, prolongée pendant des années et accompagnée de nombreuses privations, exacerba à un point extrême les antagonismes sociaux entre les classes laborieuses et leurs exploiteurs. La misère s'étendit avec une immense rapidité. Le mécontentement grandissait sans cesse dans l'armée comme à l'intérieur.

Au début de 1917, ce mécontentement atteignit son point culminant. A Pétrograd, où la faim se faisait particulièrement sentir parmi les ouvriers, une manifestation d'ouvrières se produisit au début de mars, aux cris de : « A bas la guerre ! », « Du pain ! », etc. Le mouvement gagna rapidement toutes les fabriques de la capitale. L'armée se joignit aux insurgés. En peu de jours, les masses laborieuses renversèrent ainsi la monarchie, le tsarisme détesté.

Comment fut-il possible, en si peu de temps, de mettre à bas le tsarisme et tout son système de gouvernement ? D'abord, la guerre mondiale avait grandement contribué à augmenter et à renforcer la conscience de classe des masses laborieuses, qui déjà avaient tenté, en 1905, un premier assaut contre le tsarisme. Une seconde raison est que les ouvriers et les paysans (c'est-à-dire l'armée), qui réclamaient la paix et la terre, avaient conclu une alliance de combat. Enfin, contre la monarchie absolue de Nicolas II, la bourgeoisie libérale de Russie et les milieux financiers anglo-français étaient également entrés en lice. Toutes ces classes poursuivaient naturellement leurs intérêts propres : la bourgeoisie russe et les capitalistes étrangers voulaient renverser Nicolas II parce qu'ils estimaient sa personne et son système incapables de mener victorieusement la guerre ; le prolétariat et les paysans, au contraire, combattaient pour obtenir « du pain, la paix et la véritable liberté » (Lénine).

2. Comment se constitua le pouvoir politique après la chute du tsarisme

La révolution triompha le 12 mars (27 février ancien style), et le même jour fut constitué le Soviet des ouvriers et des paysans de Pétrograd. En même temps, le Comité de la Douma [1] désigna un gouvernement provisoire. Ainsi, aussitôt après la chute du tsarisme, on se trouva en présence d'un double gouvernement : le gouvernement provisoire de la bourgeoisie d'une part, et d'autre part le Soviet, qui n'était autre chose qu'un gouvernement encore faible et hésitant à l'origine, des ouvriers et des paysans. Il faut remarquer en particulier que le Soviet avait pour ainsi dire remis *librement* le pouvoir au gouvernement provisoire, car, dans les journées de fé-

1. La Douma était le prétendu Parlement qui existait en Russie depuis la révolution de 1905.

vrier, c'était lui qui détenait en fait toute l'autorité à Pétrograd. Le gouvernement provisoire ne possédait ni troupes lui obéissant, ni police à l'aide de laquelle il pût contraindre les masses à l'obéissance. Tout le pouvoir se trouvait entre les mains du Soviet, qui le remit au gouvernement provisoire nouvellement formé sous la présidence du prince Lvov, un gros propriétaire foncier. Le socialiste-révolutionnaire Kérensky entra dans le cabinet comme ministre de la Justice. Tout cela arriva parce que la majorité appartenait alors dans le Soviet aux partis socialistes petits-bourgeois, aux socialistes-révolutionnaires et aux social-démocrates menchéviks.

C'est ainsi que la bourgeoisie démocratique remporta la victoire dans la révolution de février. La principale caractéristique de cette révolution consiste en ce que, dès ses débuts, elle renfermait les germes d'une révolution socialiste prolétarienne, qui peu après, en octobre de la même année, devait renverser le gouvernement provisoire et ériger le gouvernement des ouvriers et des paysans. Si nous examinons maintenant le point de vue des différents partis russes à cette époque de transition, sur les questions les plus importantes et les plus actuelles pour les paysans, celles de la paix et de la terre, nous comprendrons en même temps comment ont pu grandir et mûrir les forces qui ont remporté la victoire d'octobre.

3. Les différents partis dans la question de la guerre

La question qui préoccupait le plus des millions d'ouvriers et de paysans, c'était la continuation d'une guerre qui traînait depuis longtemps en longueur.

En ce qui concerne le gouvernement provisoire, il était bien loin de penser à des pourparlers de paix ou de désirer la cessation de cette terrible boucherie. Au contraire, il tenait pour son principal devoir de continuer la guerre de façon encore plus énergique que ne le faisait le tsarisme. Par la voix du professeur Milioukov, son ministre des Affaires étrangères, véritable laquais de la bourgeoisie anglaise, le gouvernement provisoire déclara en avril 1917 à ses alliés que tous les anciens traités conclus entre le tsar et l'Entente restaient en vigueur après la révolution. Il se montrait disposé à continuer la guerre jusqu'à la victoire complète sur l'Allemagne.

Le point de vue des socialistes-révolutionnaires et des menchéviks, dans l'ensemble, n'était guère différent : ils voulaient persuader aux masses ouvrières et paysannes de continuer la guerre en prétendant que cela était nécessaire pour défendre les conquêtes de la révolution de février contre l'impérialisme allemand. Ces partis profitaient des moindres prétextes pour intervenir en faveur de la continuation de la guerre. Ils soutinrent l' « emprunt de la liberté » que le gouvernement lança pour se procurer des ressources. Ils condamnèrent la fraternisation des soldats russes du front avec les soldats des groupes ennemis, fraternisation pour laquelle les bolchéviks (les communistes d'aujourd'hui) faisaient de l'agitation. Ils se prononcèrent contre la proposition faite par les bolchéviks au gouvernement provisoire de publier les traités secrets conclus par le tsar avec les alliés. Bien plus, lorsque, le 18 juin,

vrier, c'était lui qui détenait en fait toute l'autorité à Pétrograd. Le gouvernement provisoire ne possédait ni troupes lui obéissant, ni police à l'aide de laquelle il pût contraindre les masses à l'obéissance. Tout le pouvoir se trouvait entre les mains du Soviet, qui le remit au gouvernement provisoire nouvellement formé sous la présidence du prince Lvov, un gros propriétaire foncier. Le socialiste-révolutionnaire Kérensky entra dans le cabinet comme ministre de la Justice. Tout cela arriva parce que la majorité appartenait alors dans le Soviet aux partis socialistes petits-bourgeois, aux socialistes-révolutionnaires et aux social-démocrates menchéviks.

C'est ainsi que la bourgeoisie démocratique remporta la victoire dans la révolution de février. La principale caractéristique de cette révolution consiste en ce que, dès ses débuts, elle renfermait les germes d'une révolution socialiste prolétarienne, qui peu après, en octobre de la même année, devait renverser le gouvernement provisoire et ériger le gouvernement des ouvriers et des paysans. Si nous examinons maintenant le point de vue des différents partis russes à cette époque de transition, sur les questions les plus importantes et les plus actuelles pour les paysans, celles de la paix et de la terre, nous comprendrons en même temps comment ont pu grandir et mûrir les forces qui ont remporté la victoire d'octobre.

3. Les différents partis dans la question de la guerre

La question qui préoccupait le plus des millions d'ouvriers et de paysans, c'était la conti-

blesse. Or, que disaient les socialistes-révolutionnaires ? Ils cherchaient à persuader les paysans qu'il fallait attendre pour ce partage la décision de la future Assemblée constituante. Or, l'Assemblée constituante ne pouvait pas être convoquée, d'après les socialistes-révolutionnaires, les menchéviks et naturellement aussi la bourgeoisie, avant la conclusion de la paix. La paix, à son tour, comme nous le savons déjà, ne pouvait intervenir d'après eux qu'après la complète victoire sur l'Allemagne. Ainsi, socialistes-révolutionnaires et menchéviks présentaient aux paysans un raisonnement du genre suivant : « Pour le partage de la terre, attendez jusqu'à la convocation de l'Assemblée constituante. Pour l'Assemblée constituante, attendez la fin de la guerre. Pour la fin de la guerre, attendez la victoire définitive ! » Lorsque, un peu plus tard, le leader des socialistes révolutionnaires, Victor Tchernov, fut nommé ministre de l'Agriculture du gouvernement provisoire, les socialistes-révolutionnaires ne firent pas le moindre geste pour donner la terre aux paysans.

Il est facile de comprendre que les paysans aient décidé d'agir par eux-mêmes et se soient mis en maints endroits, au début de l'automne 1917, à se partager les grandes propriétés. Ici aussi, le nouveau gouvernement provisoire, qui avait été formé dans l'intervalle au moyen d'une coalition entre les leaders des socialistes révolutionnaires, des menchéviks et des cadets de gauche sous la présidence de Kérensky, manifesta son véritable caractère contre-révolutionnaire en prétendant contraindre les paysans à l'obéissance au moyen d'expéditions punitives.

Les socialistes-révolutionnaires déçurent ainsi les paysans qui, auparavant, avaient confiance en eux. Les paysans voyaient maintenant que ce parti n'avait ni le désir ni la capacité de satisfaire leurs justes exigences.

Ici aussi, ce furent les bolchéviks qui apparurent comme le seul parti décidé à faire triompher les revendications paysannes et à remettre la terre aux travailleurs. Il ne fallait plus attendre la convocation de l'Assemblée constituante, les paysans eux-mêmes devaient, alliés à la classe ouvrière, *s'emparer immédiatement de la terre*. Tel était le mot d'ordre des bolchéviks, qui trouvait de plus en plus d'adhérents et eut bientôt pour lui la majorité de la population. Seul le pouvoir des soviets, en octobre 1917, résolut la question agraire en faveur de la masse paysanne. La révolution victorieuse du prolétariat remit aux paysans travailleurs les domaines de leurs anciens bourreaux et exploiteurs.

5. Pourquoi les bolchéviks ont remporté la victoire en Octobre

Les partis petits-bourgeois, socialistes-révolutionnaires et menchéviks, soutenaient le gouvernement provisoire et s'efforçaient de conserver le pouvoir entre les mains de la bourgeoisie. Ils étaient pour la continuation de la guerre et contre le partage immédiat des grands domaines. Ils cherchaient à exercer leur influence sur les masses pour amortir les antagonismes de classe et endormir la conscience révolutionnaire des ouvriers et des paysans. Ils étaient donc les aides de la bourgeoisie. D'abord trompés par ces partis, les masses laborieuses comprirent bientôt le rôle honteux des menchéviks et des socialistes-révolutionnaires. L'offensive malheureuse de juin fut un coup de plus, et un coup définitif porté à l'influence que ces partis avaient sur les masses au début de la révolution. L'écrasante majorité des ouvriers et des paysans abandonna ces partis petits-bourgeois et passa aux bolchéviks, dont l'influence grandit de jour en jour. Les mots d'ordre réellement révolutionnaires des bolchéviks répondaient aux intérêts les plus profonds des masses laborieuses. Les bolchéviks prouvèrent par toute leur action révolutionnaire qu'ils ne reculaient devant aucun sacrifice pour mettre en pratique ces mots d'ordre. Déjà à la fin de l'été 1917, les masses populaires de Russie comprirent que seul le passage du pouvoir entre les mains des bolchéviks pouvait assurer à l'armée la paix, aux paysans le sol et, à toute la population de l'immense Empire, la liberté. Telles sont les causes pour lesquelles l'écrasante majorité du prolétariat et des paysans travailleurs soutint sans réserve les bolchéviks dans leur combat et accorda à leurs chefs une confiance plus illimitée que celle dont a jamais joui aucun parti.

Lorsque, en août 1917, le général contre-révolutionnaire Kornilov entreprit sa marche sur Pétrograd pour restaurer le tsarisme au moyen d'un coup d'Etat, il fut clair pour tout le monde que seule une insurrection conduite par les bolchéviks pourrait sauver la révolution. Les soviets bolchéviks se préparèrent dès lors dans tout le pays à l'insurrection en armes. Les sympathies de l'armée étaient du côté des bolchéviks. A l'intérieur, une garde rouge fut créée. C'est ainsi que, pendant les journées d'Octobre, la classe ouvrière et la majorité des travailleurs, soutenues par les soldats et les paysans révolutionnaires, sous la direction géniale de Lénine et de son parti, conduisirent la révolution prolétarienne à la victoire. Le combat contre Kérensky fut de courte durée. La flotte de la Baltique soutint aussi l'insurrection et, dès le 7 novembre (25 octobre ancien style) le 2e congrès des soviets d'ouvriers, de paysans et de soldats proclama le renversement de l'ancien régime et la formation de la république soviétique des ouvriers et des paysans, Kérensky et ses partisans contre-révolutionnaires durent prendre la fuite, et le nouveau gouvernement ouvrier et paysan entreprit délibérément l'exécution de son programme, qui garantit à jamais les fruits de la révolution aux masses laborieuses des villes et des campagnes.

II

Le pouvoir des Soviets et les paysans à l'époque de la guerre civile

1. Comment les socialistes-révolutionnaires et les social-démocrates menchéviks ont combattu le pouvoir des Soviets

Au lendemain de la révolution d'Octobre, les s.-r., avec Kérensky à leur tête, essayèrent de conduire à l'assaut de la capitale révolutionnaire les détachements de cosaques et d'élèves officiers cantonnés à proximité de Pétrograd. A Moscou, le pouvoir des Soviets ne put s'établir qu'après une semaine de batailles contre les détachements d'officiers organisés par le Comité unifié des organisations contre-révolutionnaires ayant à sa tête un s.-r., maire de la ville.

Lorsque les attaques déclarées eurent échoué, la contre-révolution machina toutes sortes de complots et de conjurations, fomenta des révoltes, mina les voies de chemin de fer et autres travaux d'art, afin de désorganiser le pays. Pour renverser le pouvoir des Soviets, les menchéviks et les s.-r. de droite n'hésitèrent pas à faire bloc avec la bourgeoisie et, par le moyen d'un groupement de coalition nommé *Ligue pour la Renaissance de la Russie,* on vit prendre part à la lutte contre le pouvoir des Soviets les représentants des puissances étrangères impérialistes, alliées de la Russie tsariste dans la guerre mondiale.

Les socialistes-révolutionnaires et les menchéviks, les premiers surtout, qui employaient contre le pouvoir des Soviets tous les moyens, ayant perdu toute influence sur les masses populaires, en vinrent à recevoir de l'argent et des missions des représentants des Etats étrangers.

Voici ce qu'a raconté devant le tribunal qui le jugeait Boris Savinkov, membre actif du parti s.-r., sur les actes commis au printemps et en été 1918 par la *Ligue pour le Salut de la Patrie et de la Liberté*, une des nombreuses organisations contre-révolutionnaires :

... Lorsque se forma la Ligue, je comptai d'abord intervenir à Moscou avec les forces de cette dernière. Peut-être me serais-je définitivement arrêté à ce plan, si les Français, en la personne du consul Grenard et de l'attaché militaire Lavergne, agissant au nom de l'ambassadeur Noulens, ne m'avaient déclaré que les Alliés estimaient possible de continuer la guerre contre l'Allemagne sur le front russe. Je fus avisé qu'il serait opéré, à cet effet, un débarquement anglo-français à Arkhangel, au moyen de forces considérables. Ce débarquement devrait être soutenu par des insurrections armées à l'intérieur. Le plan était le suivant : occuper le Haut-Volga, ensuite les troupes anglo-françaises soutiendraient l'insurrection. Le Haut-Volga servirait de base à la marche sur Moscou. Nous devions occuper Iaroslavl, Rybinsk, Kostroma et Mourom. Les Français, disaient-ils, se chargeraient de Vologda...

En effet, Savinkov commença la mise en application des propositions du consul français. Il se produisit dans les villes en question quelques tentatives pour utiliser la faiblesse des forces armées soviétistes et organiser des insurrections.

Mais le plan ne réussit qu'à Iaroslavl, qui en eut pour longtemps à se remettre de ses conséquences désastreuses.

2. Qu'est-ce que la paix de Brest et a-t-elle été profitable aux paysans ?

Dès le lendemain de la révolution d'Octobre, le congrès des Soviets adressa à tous les Etats participant à la guerre une invitation à conclure la paix. Mais il ne reçut pas de réponse.

La paix de Brest est le traité conclu entre le gouvernement impérial allemand et le pouvoir des Soviets, en mars 1918, à la suite d'un ultimatum du commandement allemand qui avait commencé l'occupation du sud et de l'ouest de la Russie.

L'armée russe, épuisée par la guerre, assoiffée de paix, ne voulait plus faire la guerre et ne pouvait opposer de résistance aux forces armées de l'impérialisme allemand. Le gros des soldats reflétait l'état d'esprit de la masse paysanne et, dans la question de la paix, « votait des pieds », c'est-à-dire quittait en masse le front.

En dépit de quelques hésitations qui se produisirent dans le parti bolchévik, Lénine insista sur la nécessité de conclure cette paix de brigandage, la population paysanne étant dans son ensemble hostile à la continuation de la guerre.

Deux mois après la signature du traité, Lénine caractérisait de la façon suivante la signification de la paix de Brest :

> Le répit que nous avons obtenu en signant la paix de Brest a déjà donné ses résultats : il a permis à la plupart des soldats russes de rentrer dans leurs

foyers, de profiter des conquêtes de la révolution, de recevoir la terre, de se retourner et de puiser de nouvelles forces pour les combats à venir.

Mais le parti socialiste-révolutionnaire de gauche, qui, se prétendant le véritable défenseur de la classe paysanne, s'était séparé de l'aile droite des s.-r. et avait pris part à la révolution d'Octobre aux côtés des bolchéviks, se prononça contre la paix de Brest et joua ainsi un rôle objectivement contre-révolutionnaire.

Les s.-r. de gauche pénétrèrent par ruse dans l'ambassade allemande, tuèrent l'ambassadeur Mirbach et tentèrent d'organiser à Moscou une insurrection contre le pouvoir des Soviets. Le meurtre de l'ambassadeur d'Allemagne avait pour but de provoquer une guerre entre ce pays et la Russie. Mais le peuple ne suivit pas les s.-r. de gauche, l'insurrection fit fiasco et le parti qui avait trahi la révolution perdit tout crédit auprès de la masse paysanne. Le parti bolchévik fut dès lors le seul à conduire la lutte révolutionnaire des ouvriers et des paysans.

La révolution allemande, éclatant en novembre 1918, entraîna l'annulation du traité de Brest.

Les événements vérifièrent bientôt la prédiction de Lénine sur la nécessité de « puiser de nouvelles forces pour les combats à venir » dans la défense de la révolution.

3. Sur quelles forces s'appuyait la contre-révolution?

Les agrariens et la bourgeoisie, que la révolution d'Octobre avait privés de leurs domaines et de leurs fabriques, organisèrent sur les frontières de la République, avec l'aide des anciens alliés de la Russie dans la guerre mondiale, les forces armées de la contre-révolution, qui bientôt entourèrent la Russie soviétiste d'un front ininterrompu.

Quand il apparut que les tentatives d'insurrection appuyées sur les forces contre-révolutionnaires de l'intérieur avaient perdu tout espoir de réussite, en juillet 1918, fut montée, aux frais des gouvernements français et anglais, l'intervention du corps tchécoslovaque, composé d'ancien prisonniers de guerre regagnant leur patrie à travers la Sibérie.

Une insurrection éclatée à Samara, sur le Volga, donna naissance à un gouvernement socialiste-révolutionnaire, qui, d'ailleurs, fut bientôt balayé par la dictature de l'amiral Koltchak.

En Ukraine, la contre-révolution s'appuya d'abord sur les troupes d'occupation allemandes : avec leur concours, le gouvernement des socialistes ukraniens fut remplacé par la dictature du réactionnaire Skoropadski.

De même dans l'Extrême-Nord, à Arkhangel, où fut débarqué, avec l'aide des socialistes-révolutionnaires, un corps de troupe anglo-français.

Ainsi les socialistes-révolutionnaires, qui employaient à la lutte contre le pouvoir des Soviets les forces armées de l'étranger, furent partout balayées par la réaction pure et simple.

En Orient, le pouvoir de Koltchak s'appuyait sur de nombreuses troupes d'occupation principalement de Japonais et d'Américains.

Dans le sud, les armées blanches du général Dénikine et ensuite de Wrangel, dont le noyau était formé par les cosaques, corps privilégié sous le tsarisme, obtinrent constamment le concours de troupes et de navires de guerre français. Le capital étranger, renonçant à intervenir directement, s'employait surtout à grouper les forces de la contre-révolution et à donner aux armées blanches une aide technique et financière.

D'après des calculs qui restent bien inférieurs à la réalité, les corps d'occupation comptaient en Sibérie 65.000 hommes, dans le sud 50.000 et au nord 15.000.

D'après les chiffres du ministère de la Guerre anglais, l'Angleterre donna aux armées blanches 1.030 canons et plus de 2 millions de projectiles, la France 424 canons et 3 millions d'obus. On n'indique pas les sommes considérables qui furent remises aux différents généraux blancs.

Ainsi, la contre-révolution bourgeoise et agrarienne fut énergiquement soutenue par les impérialistes étrangers, installés sur le territoire occupé par les Blancs comme dans des espèces de colonies.

Au début, les paysans d'Ukraine, de Sibérie et du Volga n'opposèrent pas à la contre-révolution la résistance voulue et cela en partie sous l'influence des s.-r. et des koulaks qui faisaient de l'agitation contre le pouvoir des Soviets. Mais il ne fallut pas longtemps pour qu'apparût la véritable nature de la contre-révolution. Le retour des grands propriétaires, les réquisitions, les actes d'arbitraire et de violence suscitèrent l'indignation des masses paysannes, et le mouvement de partisans, grandissant sans cesse à l'arrière des armées blanches, contribua grandement à détruire les forces armées de la contre-révolution.

4. Sur quelles bases furent assis les rapports entre le pouvoir des Soviets et les paysans?

Le premier acte du pouvoir des Soviets, au lendemain de la révolution fut le décret sur la terre : tous les domaines des grands propriétaires, de l'Etat et de l'Eglise, étaient remis sans indemnité à la disposition des paysans.

La révolution dans les campagnes passa par deux étapes.

La première a été caractérisée par Lénine de la façon suivante :

Nous nous sommes bornés en Octobre à supprimer l'ancien ennemi séculaire des paysans, le propriétaire féodal, le détenteur de latifundia. La lutte était menée par l'ensemble des paysans. Il n'y avait pas encore parmi eux de division entre prolétariat, semi-prolétariat, entre paysans pauvres et bourgeoisie rurale. Mais, à mesure que la révolution pénétrait dans les villages et que les paysans travailleurs prenaient conscience de la situation, il apparut que les paysans riches s'efforçaient d'empêcher les pauvres de profiter des résultats de la révolution, s'efforçaient d'entraver le monopole des céréales établi par l'Etat et sans lequel était impossible l'approvisionnement de l'armée, des villes et de l'industrie.

Au printemps de 1918, le pouvoir des Soviets créa les comités de paysans pauvres, où pouvaient entrer tous les paysans n'exploitant pas le travail d'autrui.

Ces comités avaient pour tâche d'opérer la juste répartition du sol et du cheptel et de réquisitionner aux riches les excédents de blé nécessaires à l'Etat.

Après s'être acquis la sympathie et le concours

actif des paysans pauvres, le pouvoir des Soviets se préoccupa de neutraliser les paysans moyens pour combattre, de concert avec les pauvres, les koulaks.

Une fois brisée la résistance de la bourgeoisie rurale, les comités de paysans pauvres furent abolis dans la plupart des républiques.

Ainsi se termina la seconde étape de la révolution dans les campagnes, dont le résultat fut une nouvelle répartition des terres. Le nombre des familles pauvres avait sensiblement diminué, et la prise de possession des grandes propriétés avait libéré les paysans travailleurs de l'exploitation des koulaks. Une fois ces premiers résultats obtenus, le pouvoir des Soviets orienta sa politique vers l'alliance avec les paysans moyens, l'alliance de combat des ouvriers et des paysans travailleurs (pauvres et moyens), gage de la victoire sur la contre-révolution. La base réelle de cette alliance, à l'époque de la guerre civile est ainsi définie par Lénine :

> Le paysan a reçu de l'Etat ouvrier la terre et la protection contre le grand propriétaire et le koulak; les ouvriers ont reçu des paysans des denrées alimentaires à titre d'avance en attendant le rétablissement de la grande industrie.

5. Quelle leçon les paysans ont-ils retirée de la guerre civile?

La guerre civile a exigé du pays un effort énorme et a apporté aux paysans une masse de privations.

Mais la plupart d'entre eux ont bien compris la nécessité de sacrifier quelque chose pour obtenir leur affranchissement, pour triompher de la contre-révolution qui ramenait avec elle la domination des grands propriétaires.

En résumant les résultats de la guerre civile, Lénine caractérisait cette période comme celle de l'alliance militaire des ouvriers et des paysans pour la conservation du pouvoir des Soviets :

Si des relations équitables sont possibles en Russie soviétiste entre le prolétariat et les paysans, cela est dû à l'époque de 1917 à 1921 : l'invasion des capitalistes et des agrariens, soutenue par toute la bourgeoisie mondiale et tous les partis de la démocratie petite-bourgeoise (s.-r. et menchéviks) a rendu nécessaire, a consolidé et précisé l'alliance militaire du prolétariat et des paysans pour le pouvoir des soviets.

Il faut dire qu'au début de la guerre civile, lorsque les difficultés économiques donnaient naissance à de grands mécontentements, le pouvoir des Soviets était loin d'être soutenu par tous les éléments de la population paysanne. Mais, bientôt, cette dernière put se rendre compte du gouvernement qui convenait le mieux à ses intérêts.

Lorsque les gouvernements formés sur le territoire occupé par les armées blanches se mirent à reprendre, pour la rendre aux propriétaires, la terre prise par les paysans, lorsque les contre-révolutionnaires torturèrent sauvagement les travailleurs, les paysans comprirent que seul le pouvoir des Soviets leur assurait l'affranchissement définitif du joug des propriétaires et des capitalistes.

Lorsque Koltchak et Dénikine arrivaient de Sibérie et du Sud, les paysans étaient de leur côté. Le bolchévisme ne leur plaisait pas, parce que les bolchéviks prenaient le blé au prix fixé par la taxe. Mais quand ils virent à l'œuvre en Sibérie et en Ukraine Koltchak et Dénikine, ils comprirent qu'ils n'avaient pas le choix : ou bien se soumettre aux capitalistes, qui les feraient retomber sous l'esclavage féodal, ou bien suivre les ouvriers, qui ne leur promettaient pas monts et merveilles, qui exigeaient d'eux une discipline de fer et un concours assuré dans une lutte difficile, mais qui les arracheraient à l'esclavage des capitalistes et des grands propriétaires. — Lénine.

Cette leçon essentielle de la guerre civile indique aux paysans de l'U.R.S.S. leur ligne de conduite à l'avenir.

L'alliance des ouvriers et des paysans, trempés dans les combats de la guerre civile et aujourd'hui encore dans les travaux d'édification positive, a pris la forme d'une collaboration étroite entre ces deux classes dont les intérêts sont communs pour la construction d'un nouveau régime social et demeure le principe fondamental sur lequel est bâti l'Etat soviétiste.

6. Comment la Russie soviétiste a pu défendre les conquêtes de la révolution

Dans son duel contre les forces supérieures de ses ennemis, le pouvoir ouvrier et paysan, attaqué par les plus riches Etats du monde, a réussi à maintenir son indépendance.

Ce fait doit être expliqué non point par la supériorité matérielle de l'armée rouge créée au cours de la guerre civile, mais bien plutôt par des conditions sociales et politiques qui ont éveillé dans les masses ouvrières et paysannes une volonté invincible de défendre les conquêtes de la révolution. L'alliance des ouvriers et des paysans a cimenté les rangs de l'armée rouge. Lénine l'a souligné maintes fois :

> Les ouvriers et les paysans en lutte contre Koltchak, Dénikine et les autres armées des grands propriétaires et des capitalistes accomplissent fréquemment des prodiges de courage et d'endurance pour défendre les conquêtes de la révolution socialiste.

Tandis que, du côté des Rouges, l'armée et l'arrière ne faisaient qu'un, la contre-révolution perdait de mois en mois tout appui dans le pays. A mesure que, sur les territoires conquis par les armées blanches, elle manifestait son véritable visage, les ouvriers et les paysans prenaient position contre elle, formaient des détachements de partisans et affaiblissaient ainsi les Blancs.

Une autre circonstance d'importance non négligeable a été encore indiquée par Lénine dans les termes suivants :

> C'est ce concours, c'est cette sympathie des travailleurs, des ouvriers et des paysans dans le monde entier, même dans les Etats qui nous sont les plus hostiles, qui ont été la cause décisive de l'échec qui a frappé toutes les invasions dirigées contre nous...

Grâce à la résistance des masses laborieuses des Etats capitalistes, ces derniers ont été incapables d'envoyer contre le pouvoir des Soviets la totalité des forces armées dont ils disposaient.

On connaît bien des cas où les troupes d'occupation envoyées en Russie ont refusé de marcher contre les ouvriers et les paysans russes. On a vu le fait se produire dans le nord, où des soldats anglais se sont opposés à toute opération active. Dans le sud, à Odessa, la flotte française a levé l'étendard de la révolte. Avant encore, les troupes allemandes qui en 1918 occupaient l'Ukraine avaient dû, pour la même raison, être rappelées.

III

L'alliance des ouvriers et des paysans dans la révolution russe

1. D'où vient le mot d'ordre de l'alliance ouvrière et paysanne?

Le mot d'ordre de l'alliance ouvrière et paysanne a été lancé, déjà avant la révolution de 1905, par Lénine, le guide immortel de la révolution russe, et cela dans un moment de son développement où elle se préparait à donner le premier assaut sérieux au tsarisme. C'est qu'il répondait non seulement au caractère agraire de la Russie et à la situation originale qui existait dans les campagnes à la veille de la révolution (survivances extrêmement fortes de la féodalité à l'époque impérialiste du capitalisme), mais aussi à la différence qui se remarque entre le mouvement ouvrier russe et les autres partis de la IIe Internationale. C'est seulement dans le mouvement ouvrier russe qu'on rencontre un parti, le parti bolchévik, qui, dès l'époque de la IIe Internationale, ait préparé directement le prolétariat à la lutte pour le pouvoir. La révolution était pour les bolchéviks une question actuelle. Il s'ensuivait que, pour eux, le groupement de toutes les forces opposées au tsarisme et la recherche de camarades de combat était aussi une question de politique actuelle. A la question des alliances posées par l'histoire, les bolchéviks répondaient : Alliance avec la classe paysanne, sous l'hégémonie de la classe ouvrière. Les menchéviks, au contraire, répondaient : Alliance avec la bourgeoisie, sous l'hégémonie de la bourgeoisie. Ces deux réponses à une question de première importance ont séparé les bolchéviks des menchéviks, ont élevé entre eux une muraille infranchissable et, aujourd'hui encore, distinguent les communistes des social-démocrates.

2. Les trois étapes de la révolution russe

Lénine et les bolchéviks ont lancé le mot d'ordre de l'alliance ouvrière et paysanne comme la devise stratégique fondamentale du parti. Le but de combat de cette stratégie était : conquête du pouvoir par le prolétariat. La stratégie de la lutte de classe et les mots d'ordre correspondants ne peuvent être établis et convenablement interprétés que sur la base de l'analyse marxiste des rapports de forces entre les classes. C'est également ainsi que nous pouvons comprendre le contenu intérieur du mot d'ordre de l'alliance ouvrière et paysanne, c'est-à-dire en étudiant les mobiles économiques et politiques de la lutte de classe et des relations entre les classes.

Dans la première phase de la révolution russe (1905-février 1917), le prolétariat dirigeait ses efforts contre l'absolutisme tsariste et contre son fondement, la grande propriété foncière féodale. L'anéantissement de la Russie tsariste était l'objectif de la première étape de la révolution. Sa caractéristique était d'être dirigée contre des formes d'oppression qui n'étaient pas la résultante de l'évolution capitaliste, mais bien des survivances féodales entravant le libre développement du capitalisme. Cette première étape était donc dirigée contre un régime économique et social dont la suppression était la tâche historique de la bourgeoisie. Mais la bourgeoisie russe n'a pas rempli cette fonction qui lui appartenait, et ainsi l'exécution complète de la révolution bourgeoise a incombé au prolétariat.

Le retard temporaire apporté à l'exécution de la révolution bourgeoise (à l'époque impérialiste du capitalisme), l'alliance de la bourgeoisie avec des forces qui incarnaient les survivances féodales, la présence d'un prolétariat grandissant avec les progrès du capitalisme et possédant ses intérêts propres, la formation d'un parti bolchévik rendant ces intérêts conscients aux masses et organisant la lutte de classe : tels sont les facteurs qui, après la fin de la première étape de la révolution, ont déterminé fatalement sa deuxième étape.

Cette deuxième étape de la révolution (de février à octobre 1917) avait pour objet la lutte pour le renversement de la bourgeoisie, pour le pouvoir du prolétariat. Sa caractéristique est qu'elle coïncide avec la période de la guerre dans laquelle une soif de paix s'empare des masses petites-bourgeoises. C'est grâce à ce fait que dans la phase de la révolution prolétarienne, qui signifie la fin de la guerre, on a réussi à isoler, dans la lutte de classe, les masses petites-bourgeoises (urbaines et rurales) de la bourgeoisie.

La troisième étape de la révolution est la prise

du pouvoir par le prolétariat. Son but est la lutte pour la conservation du pouvoir et pour la construction du socialisme. Son caractère spécifique est que l'Etat prolétarien reste au début isolé en face de l'univers capitaliste et doit entreprendre l'édification du socialisme, dans un pays à caractère agraire, avec une population rurale par excellence et une industrie relativement faible.

Dans ces différentes étapes de la lutte de classe, les rapports mutuels du prolétariat et des paysans se modifient. La cause n'en est pas seulement dans le changement de situation du prolétariat, mais aussi dans les actions auxquelles les paysans sont eux-mêmes soumis au cours de la lutte sociale.

Les modifications qui se sont produites dans la condition du prolétariat et dans ses objectifs jusqu'à la prise du pouvoir ont été décrites par nous. Pour bien comprendre les rapports mutuels du prolétariat et des paysans, il nous faut maintenant accompagner ces derniers sur le chemin qu'ils ont à parcourir dans les différentes périodes de la révolution.

3. La politique paysanne de la révolution russe

Dans la structure sociale de l'Etat capitaliste, les paysans ne figurent *pas comme une classe au sens étroit du mot*. Ils formaient, au contraire, une classe au temps de la société féodale. Cette classe, comme les autres classes de la société féodale, a été dissoute par l'évolution capitaliste, et ses différentes parties se sont jointes aux diverses classes du capitalisme. L'évolution capitaliste divise la population paysanne en bourgeoisie rurale (paysans riches) et en prolétariat rural. Mais c'est là un processus de longue haleine et pendant lequel les deux extrêmes, le prolétariat et la bourgeoisie, sont rattachés entre eux par différentes couches intermédiaires de semi-prolétariat rural et de petite bourgeoisie rurale, les paysans pauvres et moyens. Tant que l'évolution capitaliste n'a pas complètement dissous l'ancienne société, tant qu'il en reste des survivances plus ou moins importantes, ces dernières servent de lien entre les diverses catégories de la classe paysanne en voie de différenciation sous l'action du capitalisme progressant.

Il s'ensuit, du point de vue de la révolution, que l'abolition des survivances féodales fait l'objet de l'achèvement complet de la révolution bourgeoise et que, dans cette phase, les paysans doivent être considérés dans leur ensemble comme une force révolutionnaire. Cet achèvement de la révolution bourgeoise appartient au prolétariat, mais les paysans dans leur ensemble sont les alliés de la classe ouvrière tant que la révolution n'a pas atteint et dépassé ce but. C'est pourquoi, dans la première étape de la révolution, le mot d'ordre de l'alliance ouvrière et paysanne signifiait une alliance avec l'ensemble de la classe paysanne (ainsi de 1905 à février 1917). Le parti bolchévik, dans cette période, a formulé le mot d'ordre de l'alliance ouvrière et paysanne de la façon suivante : « Avec toute la classe paysanne contre le tsarisme! Neutralisation de la bourgeoisie pour faire triompher la révolution démocratique bourgeoise! » La formule de la révolution démocratique bourgeoise est celle-ci : « Dictature démocratique du prolétariat et des paysans ».

La clôture de la première phase de la révolution, en abolissant les survivances féodales, dénoue l'alliance que l'ensemble des paysans, malgré sa disjonction en plusieurs couches sous l'effet du capitalisme, avait conclue. Dans la période suivante de la lutte sociale, chacune de ces couches va nécessairement avec la classe à laquelle elle appartient de par son caractère social. Cette classe, c'est pour les paysans riches la bourgeoisie, pour les paysans pauvres, le prolétariat. Il y a cependant entre les deux une catégorie importante de paysans moyens, que leur nature sociale ne place nécessairement ni du côté de la bourgeoisie, ni du côté du prolétariat, mais qui, par leur importance numérique, ont assez d'influence politique pour décider l'issue du combat.

Dans cette même période, on voit une partie des paysans avoir des intérêts opposés à ceux du prolétariat, et même venir en conflit avec une autre partie de la population rurale : la bourgeoisie paysanne avec le prolétariat rural. Le foyer de la guerre civile s'allume dans les campagnes. L'issue du combat dépend de l'attitude que prendront les paysans moyens.

La question qui se posait était la suivante : dans cette étape, le mot d'ordre de l'alliance ouvrière et paysanne doit-il rester en vigueur, ou bien est-il relégué par le développement de la révolution aux archives de l'histoire? L'analyse des forces sociales montre qu'à cette époque de la révolution le front révolutionnaire se rétrécit et celui de la contre-révolution s'élargit. La catégorie des paysans riches abandonne le front de la révolution et se joint aux éléments bourgeois, qui, dans la phase précédente, étaient neutralisés ou neutralisables, mais que la révolution prolétarienne a rejetés dans la contre-révolution. Mais précisément à cette époque, le prolétariat moins que jamais peut renoncer à ses alliés ruraux. C'est pour lui une question vitale de gagner à sa cause toutes les forces qui, à ce moment du combat, peuvent jouer un rôle objectivement révolutionnaire; mais en même temps, il n'importe pas moins d'établir une délimitation précise entre ces forces et les éléments que leur nature objective a poussés dans le camp de la contre-révolution ou a laissés hésitants. De ce point de vue, la bourgeoisie rurale, à titre d'ennemie évidente, était exclue d'avance de l'alliance ouvrière et paysanne. Les paysans moyens, comme catégorie bourgeoise intermédiaire, n'étaient pas nécessairement ennemis, mais ne pouvaient pas non plus, à cette époque, être alliés. Le maximum de ce que leur nature sociale permettait alors et de ce qui pouvait être obtenu avec une politique convenable était la neutralité des paysans moyens. Le seul allié nécessaire, c'était donc les paysans pauvres.

A cette situation répond le mot d'ordre du parti bolchévik : le prolétariat doit réaliser la révolution socialiste en groupant autour de lui la masse des éléments semi-prolétariens de la population, en brisant la résistance de la bourgeoisie et en triomphant des hésitations des paysans et de la petite bourgeoisie. Le mot d'ordre de l'alliance ouvrière et paysanne subsiste donc dans la deuxième étape de la révolution, à l'époque de la préparation de la révolution socialiste. Son envergure est seulement ramenée aux paysans pauvres, et il devient inséparable du mot d'ordre de la neutralisation des paysans moyens. Le parti bolchévik concrétise ce mot d'ordre comme suit :

D'abord avec l'ensemble des paysans contre la monarchie et les survivances féodales, tant que la révolution reste une révolution bourgeoise, démocratique-bourgeoise. Ensuite, avec les paysans pauvres, avec le semi-prolétariat, avec tous les exploités, contre le capitalisme, contre les paysans riches, les koulaks, les usuriers : en même temps, la révolution devient une révolution prolétarienne. (Lénine).

La forme de gouvernement de cette période de la révolution est la « dictature du prolétariat et des paysans pauvres ». Cette dictature fut d'abord exercée par un gouvernement des bolchéviks et des socialistes-révolutionnaires de gauche (dans la forme seulement, car les bolchéviks détenaient la majorité, et on avait ainsi dans la réalité une dictature du prolétariat. Après la rupture avec les socialistes-révolutionnaires de gauche, l'alliance ouvrière et paysanne a trouvé son expression matérielle dans les « comités de paysans pauvres ».

La révolution prolétarienne victorieuse a transporté sur des bases nouvelles les rapports mutuels du prolétariat triomphant et des paysans. Cette modification n'a rien changé au fond à l'attitude du prolétariat envers les catégories extrêmes, koulaks et paysans pauvres : elle a, par contre, profondément changé ses rapports avec les paysans moyens. Contre les paysans riches, le prolétariat a toujours continué et continue sa guerre de classe, quoique avec d'autres moyens (ces moyens nouveaux consistent dans le remplacement de la contrainte brutale par les mesures économiques et administratives de l'Etat soviétiste). La base de l'alliance reste comme toujours les paysans pauvres. Au lieu de se borner à neutraliser les paysans moyens, on cherche à les gagner et à les inclure dans l'alliance ouvrière et paysanne. La nécessité de cette politique découle de l'importance des paysans moyens, formant l'écrasante majorité de la population paysanne, pour la construction socialiste. Il s'agit de séparer définitivement cette catégorie du front contre-révolutionnaire. La condition pour y parvenir était déjà obtenue : l'affermissement du pouvoir du prolétariat avait réduit les oscillations des paysans moyens et augmenté leur confiance envers le prolétariat et son Etat. D'autre part, le prolétariat, possédant le pouvoir politique et économique, avait la possibilité de faire une politique de nature à lui attacher solidement cette catégorie. Le mot d'ordre du parti bolchévik après la révolution victorieuse est : « Avec l'appui des paysans pauvres, en alliance étroite avec les paysans moyens, en avant pour l'édification du socialisme ! » Le sens pratique de ce mot d'ordre est une liaison étroite de l'industrie, entre les mains du prolétariat, et de l'économie rurale, entre les mains des paysans, de façon à assurer à la fois à l'industrie et à l'économie rurale les possibilités de développement les plus avantageuses. Le moyen pour y parvenir est principalement et avant tout la politique économique socialiste. La méthode de cette dernière consiste à éveiller l'initiative créatrice des paysans et à l'employer au service de l'édification socialiste sous la pleine garantie de l'hégémonie et de la direction du prolétariat. Ainsi, les paysans ne sont pas un simple objet de la politique économique du prolétariat, ils doivent être aussi un sujet actif. En d'autres termes, rien ne se décide par-dessus leur tête, sans leur participation.

L'activité des éléments sur lesquels s'étend l'alliance ouvrière et paysanne ainsi comprise s'exprime principalement dans les travaux des soviets. En dehors des soviets, les paysans ont encore l'occasion de déployer leur énergie créatrice dans les nombreuses organisations économiques et culturelles qui couvrent tout le pays. Parmi elles, nous citerons comme la plus importante la coopération. Au moyen de ces organisations, les paysans ne contribuent pas seulement à l'édification du socialisme. Les exploitations individuelles prennent lentement et progressivement, par les diverses formes de la coopération, un caractère collectif et évoluent organiquement dans la direction de l'économie socialiste. Pareil processus n'est naturellement possible que là où le pouvoir appartient au prolétariat, où ce pouvoir a été conquis par les armes et défendu par la révolution.

4. Qui est dans la bonne voie de Lénine ?

De ce qui vient d'être esquissé plus haut, il ressort clairement :

1° Que, dans toutes les périodes de la révolution, l'alliance ouvrière et paysanne est l'axe de la politique bolchéviste;

2° Que le mot d'ordre de l'alliance ouvrière et paysanne doit être compris en un sens dynamique : son contenu est variable et toujours déterminé par la situation concrète de la lutte de classe.

La politique, le mot d'ordre de l'alliance ouvrière et paysanne est en ce sens le fruit de la doctrine marxiste et, comme tel, est proprement bolchévik. Il revient à la définition exacte des rapports mutuels du prolétariat et des paysans dans les différentes masses de la révolution. De là, le contraste frappant qui existe entre le point de vue bolchévik et tous les autres, menchéviks ou socialistes-révolutionnaires.

La grande faute des menchéviks est de fonder leurs vues sur cette erreur théorique que la classe paysanne serait déjà complètement séparée en deux groupes extrêmes, la bourgeoisie rurale et le prolétariat rural. La théorie menchéviste ignore les catégories intermédiaires, les paysans pauvres et moyens, c'est-à-dire l'énorme majorité de la population paysanne. Aussi est-elle obligée de les annexer à l'un ou à l'autre des groupes extrêmes. Cette erreur aboutit à une pratique qui ou bien rend hostile l'ensemble des paysans, ou bien cherche à les attirer par des manœuvres dénuées de principes.

L'erreur essentielle des socialistes-révolutionnaires consiste, au contraire, à ne pas voir le processus de différenciation qui se produit au sein de la classe paysanne et à considérer cette dernière comme une classe homogène qui ne serait pas soumise aux lois du capitalisme. Cette erreur théorique devait fatalement conduire les socialistes-révolutionnaires avec leur doctrine à la banqueroute, aussitôt qu'après l'achèvement de la révolution bourgeoise et la complète liquidation des survivances féodales, les liens d'oppression commune se rompirent et qu'une nouvelle différenciation de la classe paysanne commença.

La question des rapports entre la classe ouvrière et les paysans continue, même à l'intérieur du parti communiste, à tracer une ligne de démarcation entre le léninisme et toute tendance ou groupement qui s'en éloigne. Le trait caractéristique de toute opposition dans le parti communiste de l'U.R.S.S. a toujours été jusqu'ici une fausse conception des rapports entre la classe ouvrière et la classe paysanne. Le fait est surtout caractéristique pour la tendance représentée par Trotsky, et dont les fautes principales résident dans une idée fausse de la politique du prolétariat à l'égard des paysans. Cette idée est en effet diamétralement opposée à la théorie de Lénine et incompatible avec l'alliance ouvrière et paysanne. Non moins caractéristique est le fait que l'opposition néglige complètement les paysans moyens et ne peut se représenter la participation des forces actives de la population paysanne à l'édification du socialisme. Aussi l'opposition préconise-t-elle, au lieu de l'éveil de l'initiative paysanne sous la direction idéologique du prolétariat, la remise en vigueur de méthodes de dictature désormais dépassées par l'histoire.

Ces méthodes conduiraient fatalement, tôt ou tard, à l'écroulement du pouvoir des soviets, car elles ruineraient l'alliance entre la classe ouvrière et les paysans.

IV

L'évolution sociale et économique des campagnes soviétiques

1. Quelle est la question fondamentale?

Dix années de pouvoir des Soviets ont fait faire à l'agriculture russe comme à l'industrie un progrès gigantesque. Toutes deux n'ont pas seulement atteint la production d'avant-guerre ; dans plusieurs branches elles l'ont sensiblement dépassée. Mais une question essentielle se pose : dans quelle direction s'accomplit ce progrès? Quelles sont les forces sociales et économiques qui poussent en avant l'économie soviétique ? Sont-ce les éléments capitalistes ou bien les éléments socialistes qui grandissent et qui s'affermissent constamment dans l'U.R.S.S.? Qui remportera la victoire définitive, le capitalisme ou le socialisme? C'est là la question principale et décisive pour le sort de l'Union soviétiste. Lénine, il y a plusieurs années déjà, l'a posée en toute franchise. Toute la question, dit-il, consiste à savoir avec qui marchera la classe paysanne et qui l'emportera. Si c'est le capitalisme qui arrive à s'organiser le premier, il chassera les soviets... à moins que l'Etat prolétarien ne se montre capable, appuyé sur les paysans, de tenir en bride messieurs les capitalistes.

Ou bien nous saurons, en développant leurs forces de production, organiser les petits paysans et soutenir ce développement au moyen de la puissance prolétarienne, ou bien ce seront les capitalistes qui se subordonneront ces mêmes petits paysans : voilà ce qui décidera de l'issue du combat.

C'est ainsi que Lénine lui-même formulait la question.

La réponse à cette question est d'une importance capitale pour la destinée de la révolution d'Octobre. Elle ne peut reposer que sur une étude exacte et consciencieuse de la situation sociale et économique des campagnes soviétiques et de leurs perspectives de développement. Aussi faut-il avant tout rechercher *ce que sont devenues les relations de classes dans les campagnes sous la dictature du prolétariat.*

Les changements économiques et sociaux résultant de la révolution d'Octobre dans les campagnes sont illustrés par les chiffres ci-dessous, qui montrent la répartition du sol entre les différentes catégories sociales de la population rurale avant et après la révolution.

Avant la révolution d'Octobre, le sol était partagé entre les diverses catégories de paysans, sur le territoire de la R.S.F.S.R. (Fédération des Républiques Soviétiques Socialistes de Russie) [1] actuelle (moins la Sibérie et le Caucase Septentrional), comme suit :

Paysans pauvres et moyens	60 millions d'ha.
Koulaks	40 —

1. La Fédération des Républiques Soviétiques Socialistes de Russie (R.S.F.S.R.) fait partie de l'Union des Républiques Soviétiques Socialistes (U.R.S.S.), à l'égal de l'Ukraine, de la Russie-Blanche, de la Fédération des Républiques de Transcaucasie, de l'Uzbékistan et du Turkménistan.

Aujourd'hui, sur le même territoire, on trouve:

Paysans pauvres et moyens	136 millions d'ha.
Koulaks	4 —

Ainsi, grâce à la révolution d'Octobre, les paysans pauvres et moyens ont plus que *doublé* leurs terres, tandis que les possessions des koulaks ont *diminué d'environ dix fois.*

Sur le territoire de toute la R.S.F.S.R., les paysans pauvres et moyens ont reçu ensemble plus de 110 millions d'hectares (dont 50 millions provenant des grands domaines, 50 millions des terres prises aux koulaks et 10 millions des terres domaniales). Cette dépossession des gros propriétaires et ce nouveau partage du sol qui était auparavant entre les mains des koulaks et qui a été remis maintenant aux paysans pauvres et moyens, ont complètement changé la figure sociale des campagnes russes. La population rurale de l'U.R.S.S. est maintenant composée de la façon suivante :

	1925	1926	1927
Paysans moyens	64,7 %	65,8 %	66,4 %
Paysans pauvres	24 %	21,6 %	20,4 %

Les chiffres ci-dessus sont encore remarquables sous deux rapports :

1° Ils montrent que la révolution agraire et la nationalisation du sol ont produit un nivellement de la population rurale, la catégorie des paysans moyens augmentant dans des proportions énormes tandis que les autres catégories ont fortement diminué;

2° Ils montrent la tendance au développement des processus sociaux qui sont favorisés par la dictature du prolétariat et qui consistent en une *augmentation constante de la couche moyenne* et une *diminution correspondante de la catégorie pauvre*, phénomène très remarquable et contraire à ce qui se passe dans les pays capitalistes. Ils montrent que le paysan moyen est devenu la figure centrale des campagnes soviétiques.

2. Quelle est la transformation sociale qui s'accomplit dans les Etats capitalistes?

Dans les pays capitalistes, ce sont des processus contraires qui s'observent dans la population rurale. *L'industrie de l'Etat capitaliste suppose pour son développement une structure du marché intérieur qui équivaut à la ruine de la masse des paysans moyens, laquelle ne cesse de se décomposer et de se prolétariser.* Sous la dictature du prolétariat, le marché intérieur n'a pas besoin, pour grandir et se développer, de la paupérisation ni de la prolétarisation des paysans moyens : tout au contraire, *il ne peut se développer que dans la mesure où croît le bien-être des paysans moyens et pauvres.* C'est ce qui explique les regroupements sociaux radicalement distincts, qui se produisent dans la masse paysanne et qui ont été illustrés plus haut.

3. Quelle est la condition actuelle des koulaks?

Si nous considérons comme koulaks les exploitations paysannes qui emploient le travail salarié et en même temps prennent de la terre à bail, nous avons en U.R.S.S. 3,7 % de ces exploitations.

Dans bien des régions, cette proportion est

plus élevée : par exemple, dans le Caucase septentrional, elle atteint 6 %, et il est à remarquer qu'en 1923, elle y était seulement de 3 %, ce qui fait une augmention du double dans ces quatre dernières années. Dans le sud de la Sibérie, on a 6,3 % de koulaks, alors que dans la région du Nord-Est, on n'en compte que 2, 5 %.

Si réduits que soient ces chiffres, ils montrent cependant une augmentation du nombre des koulaks, et par suite un certain progrès des éléments capitalistes dans l'industrie rurale.

4. Où en sont les éléments capitalistes?

Il a déjà été indiqué plus haut qu'il s'est produit dans l'industrie rurale de l'U.R.S.S. un véritable essor au cours de ces dernières années. Cet essor suppose *une augmentation des forces de production des petits producteurs de marchandises*, ce qui engendre de son côté fatalement une augmentation des éléments capitalistes. Le pouvoir des Soviets a, depuis longtemps déjà, tiré de ce phénomène les conséquences nécessaires. Ses efforts pour développer les forces de production des exploitations paysannes pauvres et moyennes sont inséparables de toute une série de mesures prises simultanément pour entraver les progrès des éléments capitalistes ruraux, pour les maintenir dans les limites voulues et pour prévenir les appétits d'enrichissement des koulaks.

5. Quelles sont les mesures prises pour entraver les éléments capitalistes?

Avant tout, il faut indiquer *le caractère de classe de la politique des soviets* dans les campagnes. Les impôts qui frappent aujourd'hui les paysans sont *en moyenne trois fois moins lourds* que ceux du tsarisme . Si on considère les diverses catégories sociales, on est obligé de constater à ce point de vue une politique de classe non douteuse.

Elle trouve son expression la plus vive dans le fait que 5 % des familles les plus pauvres sont complètement exemptées d'mpôts. En ce qui concerne les autres, il y a une différence colossale entre les différents groupes. La proportion du revenu enlevée par l'impôt varie entre 3 à 18 % d'après la fortune. Cette échelle progressive sera encore relevée prochainement, si bien que le fardeau fiscal sera encore plus lourd pour les koulaks.

Une autre mesure tendant à limiter le progrès des éléments capitalistes sont les entraves mises à la location du sol. Tout paysan qui ne cultive pas systématiquement son champ lui-même, mais le fait cultiver à bail, peut, après une période de 3 à 6 ans, être privé de son droit de jouissance, lequel passe alors à la communauté.

Ce sont là les principales mesures tendant à limiter les progrès du capitalisme dans l'économie rurale. Si on y ajoute la situation politique du koulak, qui, d'après la constitution, ne possède ni le droit de voter ni celui d'être élu, on comprend facilement que, dans les campagnes soviétiques, le terrain manque absolument pour tout progrès menaçant du capitalisme. Mais en même temps, il faut se demander si *ces mesures sont propres à supprimer le capitalisme.*

A cette question, il faut répondre *négativement*

Si énergiquement que le pouvoir des Soviets mette en pratique cette politique de limitations, elle demeure une politique de palliatifs. Cette politique de classe est inévitable, elle sert les intérêts de l'énorme majorité de la population laborieuse, mais elle est incapable de supprimer radicalement le capitalisme aussi longtemps que subsisteront les conditions qui l'engendrent. Le problème consiste toujours, dans les campagnes comme dans les villes, à trouver le moyen de liquider complètement tous les éléments capitalistes.

6. Comment le problème peut être résolu ?

Ce problème, qui n'est autre chose au fond que celui de l'édification du socialisme, ne peut être résolu que par la collectivisation, *par la transformation de la petite culture paysanne individuelle en une grande économie commune*. La tâche que le pouvoir des Soviets s'est posée consiste à prendre les mesures nécessaires pour que cette transformation s'opère dans les conditions les plus favorables pour la masse paysanne.

7. Pourquoi la collectivisation est-elle le seul moyen d'augmenter le bien-être des paysans?

Cette question est facile à résoudre si on considère que, dans la situation actuelle, les koulaks, économiquement plus puissants, profitent des avantages que leur procure leur aisance pour opprimer économiquement les paysans pauvres et moyens. Au stade actuel, le paysan pauvre ou moyen ne peut améliorer son économie que sur la base collective. Aussi la collectivisation répond-elle aux intérêts les plus profonds de l'énorme majorité de la population paysanne laborieuse.

8. Quels faits y a-t-il à l'appui?

Comme on l'a plusieurs fois déjà indiqué, la production agricole de l'U.R.S.S. a, soit atteint, soit dépassé le niveau d'avant-guerre. Voici, par exemple, les chiffres de la surface ensemencée :

En 1917	79.800.000	déciatines[1]
En 1921	66.800.000	—
En 1925	79.400.000	—
En 1926	102.000.000	—

Mais il faut remarquer que l'économie rurale de l'U.R.S.S. se compose de 24 millions de petites exploitations paysannes individuelles qui n'ont aucune possibilité d'améliorer par *elles-mêmes* leur production, leur niveau économique. Ainsi, il est reconnu qu'un tiers de ces exploitations, c'est-à-dire 8 millions des familles les plus pauvres, *n'ont pas intérêt à entretenir un cheval*. A plus forte raison, cela est-il vrai des machines agricoles. Même une bonne charrue est inaccessible à une certaine partie des exploitations paysannes, parce que son achat ne se justifie pas financièrement. On peut en dire autant des batteuses et autres machines perfectionnées. Aussi, reste-t-il dans l'U.R.S.S. *plus de 5 millions de charrues de bois ou araires*. Le nombre de ces dernières, au cours de l'année dernière, a même augmenté en Russie-Blanche plus rapidement que celui des charrues modernes. Le koulak, le

1. Une déciatine = 1,09 hectare.

paysan riche, jouit donc des avantages de moyens de production supérieurs, qu'il emploie dans son économie et qui pour les catégories pauvres et moyennes, seraient au contraire désavantageux. Il va de soi que, dans ces conditions, la récolte de céréales, la production de lait, etc. chez le koulak sont plus élevées non seulement en chiffres absolus, mais aussi relativement que chez les paysans pauvres et moyens. Le résultat en est que ces dernières catégories progressent beaucoup plus lentement, améliorent beaucoup moins vite leur condition. Elles-mêmes commencent à s'en rendre compte. Elles en viennent d'elles-mêmes à cette idée que la collectivisation assurera à leur exploitation un essor rapide et mettra fin à la concurrence des koulaks. C'est là le sujet que traitent quantité de lettres que reçoivent les rédactions de journaux paysans. Ces tendances n'ont besoin que d'être encouragées par le gouvernement des Soviets et dirigées dans le sens convenable.

9. Quels succès ont déjà été obtenus dans la voie de la collectivisation?

Nous allons résumer ici les succès qui ont déjà été obtenus dans la voie de la collectivisation de l'économie paysanne. Mais il faut souligner avant tout que tout ce qui a été fait jusqu'ici dans ce sens est dû à l'essor de la coopération sous le pouvoir des Soviets. Déjà, en 1923, Lénine avait développé son plan génial de coopération et lancé le mot d'ordre de l'accession en masse de toute la population de l'U.R.S.S. à la coopération. Depuis lors, les coopératives de l'U.R.S.S. ont des progrès considérables à signaler. En particulier, dans différentes branches de la coopération agricole, la fraternisation entre l'industrie urbaine et les producteurs ruraux a été parfaitement obtenue.

En quoi consistent ces succès ?

En premier lieu, il faut noter le *système des contrats*, c'est-à-dire *la conclusion de contrats entre certaines branches de l'industrie socialisée et les domaines correspondants de l'économie rurale.*

Voici quelques exemples :

1. Le trust du *sucre* et les producteurs de betterave à sucre organisés en coopératives ont conclu un contrat pour la livraison d'une certaine quantité de matières premières. L'industrie du sucre est donc intéressée à venir en aide aux paysans pour améliorer qualitativement et quantitativement leur production. Le trust du sucre fournit aux producteurs de betterave des semences sélectionnées, des engrais, des machines agricoles modernes, leur assure des conseils agronomiques, etc. La jouissance de machines agricoles compliquées et des autres avantages énumérés a pour conséquence fatale d'inciter les paysans à travailler collectivement le sol, à lever collectivement la récolte, etc.

Actuellement, l'industrie du sucre a conclu des contrats de ce genre avec environ 900.000 exploitations ; en d'autres termes, presque tous les producteurs de betterave à sucre sont organisés en coopératives et leur production parvient *directement et dans les conditions les plus favorables* à l'industrie socialisée.

2. De même dans l'*industrie du coton*. Ici, ce sont 750.000 familles organisées de façon ana-

logue, à savoir : 95 % de tous les producteurs, qui livrent leurs produits au comité du coton.

3. Des relations semblables existent entre l'*industrie du lin* et les producteurs. Il y a 150.000 contrats conclus avec des familles organisées en coopératives.

Dans ces trois branches seulement, ce sont donc deux millions de familles qui sont entrées dans la voie de la collectivisation de leurs exploitations, qui ont reconnu par leur propre expérience que la production collective et la vente collective de leurs produits sont plus avantageuses et plus commodes.

Viennent maintenant les *exploitations collectives* : communes agricoles, artels, associations de culture en commun. Dans ces exploitations, on compte déjà 1 million d'âmes qui cultivent, en chiffres ronds, un quart de million d'hectares. Il est remarquable qu'il entre dans ces exploitations un nombre de plus en plus grand de paysans moyens.

Il faut mentionner maintenant les *associations pour l'amélioration du sol*, pour *l'achat et l'exploitation de machines agricoles*, qui groupent déjà environ un million de familles et dont le nombre s'est plusieurs fois multiplié au cours de ces dernières années.

En ce qui concerne la *transformation des produits agricoles* on peut signaler aussi des progrès qui sont loin d'être à dédaigner. Ainsi, la coopération agricole possède 16.000 entreprises industrielles, dont 6.000 petites fabriques de beurre et de fromage, qui traitent la production d'environ un million de familles.

Ce sont là les faits les plus importants qui

montrent la transformation des petites exploitations individuelles en une grande économie collective commune.

10. Que signifient les succès déjà remportés?

Ces succès équivalent à une véritable *révolution* dans la *structure sociale et économique* des campagnes russes sous la dictature du prolétariat. Ils équivalent à un effacement de la petite exploitation privée, remplacée par une grande économie collective. Ils annoncent une évolution dans le sens de la disparition progressive des éléments capitalistes dans l'économie rurale. Ils prouvent l'augmentation constante des éléments socialistes dans l'agriculture soviétique.

Il faut faire ici une remarque importante. La coopération a pris dans les pays capitalistes aussi un grand développement. Là aussi il y a des contrats conclus entre les entreprises industrielles et les paysans. Il ne s'agit donc pas d'une forme entièrement nouvelle qui aurait été imaginée dans l'Union des Soviets. Mais le contenu est nouveau. Tandis que les coopératives des Etats bourgeois servent à l'enrichissement des capitalistes, dans l'Etat ouvrier et paysan elles favorisent le progrès des éléments socialistes : c'est là l'essentiel.

11. Pourquoi cela?

Parce que dans l'Union des Soviets, les relations économiques entre les villes et les campagnes ne sont pas dominées par le capital financier ni par une grande industrie entre les mains du capital privé, mais bien par le plan d'Etat de la dictature prolétarienne. Celle-ci considère toute l'économie russe comme un ensemble et règle son développement dans l'intérêt des masses laborieuses des villes et des campagnes, ce qui détermine un recul constant et accusé des éléments capitalistes.

Cela est facile à prouver avec quelques chiffres, qui marquent l'effacement du capital privé et en même temps le renforcement de l'industrie d'Etat et de l'industrie coopérative.

La part du capital privé dans l'ensemble de l'industrie russe a varié comme suit :

En 1923	25,0 %
En 1924-25	21,8 %
En 1925-26	18,8 %

De même, on constate d'année en année une chute de la part occupée par le capital privé dans l'ensemble de la circulation commerciale entre les villes et les campagnes. Dès maintenant, la plus grosse part du commerce se trouve entre les mains des coopératives et des organisations d'Etat.

Il faut aussi remarquer que la situation, dans l'Union des Soviets et dans les Etats capitalistes, est radicalement différente. Les formes coopératives qui dans l'Etat capitaliste, conduisent à une accumulation constante du capital entre les mains de quelques-uns, à l'exploitation et à l'oppression de plus en plus forte de la population laborieuse des villes et des campagnes, permettent au contraire, sous la dictature du prolétariat, le renforcement constant de l'industrie socialiste et de l'économie paysanne, pour le plus grand avantage de la population rurale, ainsi que leur progression ultérieure sur la voie du socialisme.

12. Quelles sont les formes de l'évolution à venir?

Les formes multiples de la collectivisation agricole qui ont été décrites plus haut ont prouvé dès maintenant leur vitalité et conquièrent parmi les paysans une popularité de plus en plus grande. Il ne s'agit donc pas d'imaginer des formes nouvelles, mais de perfectionner et d'encourager le mieux possible les formes déjà existantes. C'est par la transformation progressive des petites exploitations individuelles en une économie collective, rendue possible par une technique supérieure, que s'accomplit l'évolution des campagnes soviétiques vers le socialisme.

13. Quelles méthodes à employer?

Avant tout, le gouvernement soviétiste prescrit de la façon la plus catégorique de s'abstenir absolument ici de toute contrainte, de toute violence. On doit propager la collectivisation de l'économie rurale et même, si besoin est, l'encourager. La persuasion et l'encouragement sont les seules méthodes admissibles. Un grand travail d'éducation est à accomplir. Il est rendu difficile par le niveau de culture encore très bas des campagnes russes. Il faut reconnaître malheureusement que 43 % de la population masculine des campagnes sont encore illettrés. Parmi les femmes, cette proportion atteint même 66 %.

Aussi, le gouvernement soviétique s'est-il occupé avant tout de résoudre ce problème.

14. Comment élever le niveau de culture des paysans?

Un grand nombre de mesures ont été prises dernièrement dans ce sens. On accorde une attention particulière à la construction d'écoles rurales. On se propose d'introduire peu à peu l'enseignement obligatoire. La classe ouvrière aussi songe à organiser l'aide nécessaire pour rendre la collectivisation le plus facile possible aux paysans. Les syndicats se consacrent à cette tâche et préparent diverses mesures qui permettront à leurs membres de se livrer à des œuvres d'éducation dans les campagnes.

Le relèvement du niveau de culture des campagnes russes, qui ont reçu sous ce rapport un héritage particulièrement fâcheux de l'ancien régime, est une tâche colossale, qui exige un travail immense, assidu et prolongé.

Mais, une chose est dès aujourd'hui établie : les villages soviétiques sont entrés dans un nouveau stade de leur développement, qui conduira *à l'abolition de l'antagonisme entre les villes et les campagnes.*

La collectivisation de l'économie rurale prépare le terrain à cette abolition. La solution de ce grand problème conduira finalement à ce qu'il n'y ait plus aucune différence entre les paysans et les ouvriers : tous seront membres d'une même société socialiste.

V

La vie politique des villages soviétiques

1. Quels sont les traits distinctifs du système soviétique

L'Etat soviétique est bâti sur le principe de l'élection de toutes les autorités depuis le haut jusqu'en bas.

Depuis le soviet de village, élu par l'Assemblée générale des électeurs paysans, en passant par le Comité exécutif de canton ou de rayon, élu, de même que toutes les autres autorités, au congrès des soviets du territoire correspondant, jusqu'au Comité central exécutif, toutes les autorités gouvernementales sont dirigées par les élus du peuple.

Le principe essentiel de l'organisation de la vie politique de l'U.R.S.S. est la plus large participation des masses laborieuses à l'administration du pays.

De fréquentes élections (une fois par an pour les organes locaux et une fois tous les deux ans pour le pouvoir central) garantissent le renouvellement des dirigeants et le contrôle des masses. Elles empêchent les organes du pouvoir de s'éloigner du gros des travailleurs.

Le caractère du pouvoir des Soviets consiste en ce

que la base constante et unique de tout le pouvoir, de tout l'appareil gouvernemental est l'organisation de masse des classes qui, jadis, étaient opprimées par le capitalisme.

Ce sont ces masses qui, même dans les républiques bourgeoises les plus démocratiques, jouissant de tous les droits selon la loi, sont en réalité écartées de la vie politique et de l'usage réel des droits et libertés démocratiques par toutes sortes de procédés et de manœuvres, ce sont ces masses qui, aujourd'hui, sont appelées à prendre une part régulière et décisive à l'administration démocratique de l'Etat.

Les Soviets de députés, qui sont la cellule de base de l'Etat et qui jouissent d'une large autonomie dans la décision des affaires locales, fonctionnent selon le principe collégial et sont la forme de gouvernement répondant parfaitement aux intérêts des travailleurs, garantissant la participation des masses à l'édification de l'Etat.

En laissant de côté les autres organes du pouvoir, notons seulement que les soviets de village de l'U.R.S.S. comptent 960.000 députés ; on se représente ainsi les vastes possibilités qui sont données aux masses par le système soviétique pour prendre part à la gestion pratique des affaires du pays.

2. Comment les paysans participent à l'administration de l'Etat soviétique

La population paysanne prend une part active à toute la vie politique du pays et élit tous les organes du pouvoir.

La base de l'Etat soviétique est l'alliance des ouvriers et des paysans construisant en commun une société nouvelle où il n'y aura plus ni exploitation ni oppression de l'homme par l'homme.

Cette alliance est réalisée par les Soviets ayant à leur tête le gouvernement ouvrier et paysan élu par le Comité central exécutif des Soviets. Ce dernier est lui-même élu par le congrès des délégués des soviets de toute l'Union.

Les Soviets réalisent pratiquement, dans tous les domaines de la vie politique, cette alliance que les ouvriers et les paysans ont conclue dès le début de la révolution d'Octobre.

Cette alliance se reflète encore dans la méthode de formation des organes dirigeants de l'Etat.

Les paysans élisent leurs députés au soviet de village. Les délégués de ces soviets, réunis en congrès de canton ou de rayon, élisent le Comité exécutif de canton ou de rayon, qui représente le pouvoir gouvernemental dans son ressort.

D'autre part, les ouvriers et la population laborieuse des villes élisent leurs délégués aux soviets de ville. Ces soviets envoient des représentants aux congrès de district, de circonscription et de province. Là, réunis aux représentants des congrès des soviets de canton ou de rayon, paysans et ouvriers élisent les organes du pouvoir de la province.

De la même façon les représentants de tous les soviets des villes et des villages, réunis en congrès centraux, forment le gouvernement ouvrier et paysan de l'Union soviétique.

Voici quelques chiffres qui caractérisent la participation des paysans aux organes du pouvoir.

D'après une statistique concernant 54.971 soviets de village en 1927, il y a parmi les députés 89,1 % de paysans, 4,3 % d'ouvriers agricoles et 5,5 % d'intellectuels ruraux.

Parmi les présidents de soviets de village, on compte 94,5 % de paysans.

Parmi les membres des comités exécutifs de canton et de rayon, on constate qu'il y a 67,3 % de paysans et parmi les présidents de ces comités 61,1 %.

Parmi les membres et suppléants du Comité central exécutif de l'U.R.S.S., il y a 21,3 % de paysans. Si on ajoute les ouvriers agricoles, on trouve que le quart de l'organe suprême du pouvoir dans l'Union est composé de paysans.

Dans les organes soviétiques locaux ou centraux, sans parler des autorités villageoises purement paysannes, les paysans sont beaucoup plus largement représentés que dans aucun pays capitaliste.

Le système soviétique rapproche donc l'appareil gouvernemental des masses, qui participent à la constitution de tous les organes du pouvoir depuis le haut jusqu'en bas.

De là la forte proportion des ouvriers « venant de l'établi » et des paysans « venant de la charrue » dans les autorités locales, mais aussi dans les autorités centrales, dans les commissariats du peuple (ministères), où un nombre considérable de paysans est envoyé spécialement pour s'exercer à la direction des affaires d'Etat.

3. Comment se font les élections des soviets de village

Les soviets de village ne sont pas seulement les organes du pouvoir local; comme l'a déclaré un homme d'Etat, « les soviets au village sont la principale organisation de masses des paysans, une organisation vraiment unique par son importance politique; c'est elle qui, par tout l'ensemble de son système, fait la liaison entre les masses laborieuses des campagnes et le prolétariat ».

De là la formidable importance politique des élections aux soviets et le rôle qui leur est accordé dans la vie des Républiques soviétiques. Les élections aux soviets ont lieu chaque année et sont toujours précédées d'une vaste campagne autour de laquelle le soviet rend compte de sa gestion aux électeurs. Quoiqu'il se fasse au cours de l'année des comptes rendus du même genre, à la veille des élections c'est le travail du soviet dans toute son ampleur qui est proposé à l'examen critique de la population.

A l'occasion des élections, les travailleurs examinent les principales questions politiques et économiques ainsi que leur reflet pratique dans leurs localités. Ils donnent à leurs députés un mandat explicite sur les mesures à prendre dans la période suivante.

La participation des masses aux élections des soviets de village croît constamment, comme le montrent les chiffres suivants concernant les cinq dernières années.

D'après la statistique des élections aux soviets de village de la R.S.F.S.R., en 1922, on comptait 22,3 % de votants; en 1923, 37,2 %; en 1924-25, 41,1 %; en 1925-26, 47,5 % et en 1927, 47.4 %.

En même temps que se rétablit la prospérité économique et que s'accélère le développement culturel on voit croître l'activité des paysans. Comme on l'a vu, au cours de ces deux dernières années la participation aux élections s'est maintenue au niveau atteint.

Les autorités centrales ainsi que les organisations publiques ne cessent de travailler à augmenter l'activité politique de la population paysanne. Il faut reconnaître qu'étant donné le niveau de culture peu élevé des campagnes soviétiques (héritage du tsarisme dont il est, naturellement, impossible de se débarrasser en peu de temps), la participation aux élections d'environ la moitié des électeurs campagnards est déjà un résultat considérable, même en comparaison de certains pays plus avancés. C'est autour des élections au soviet que se produit une animation périodique de la vie publique des villages, que se manifestent les intérêts des diverses catégories d'habitants.

Dans un discours prononcé à propos des élections de 1926, un militant des soviets a donné la caractéristique suivante de la politique suivie à l'égard des paysans moyens et aussi des éléments aisés et « koulaks » dont l'activité se fait parfois sentir :

> On observe dans les campagnes une activité grandissante du gros des paysans moyens et aussi de la poignée de paysans aisés et koulaks. A l'égard de ces derniers, nous ne pouvons avoir qu'une politique : lutte résolue pour isoler le koulak, résistance acharnée à sa pression sur les soviets. A l'égard des paysans moyens au contraire, nous avons et nous devons avoir une autre politique. Nous nous proposons, comme nous l'avons toujours fait, d'augmenter leur activité dans les soviets, de diriger cette activité dans le courant soviétique. Par cette conduite, nous nous efforçons de consolider l'alliance du prolétariat avec les paysans moyens.

Les élections aux soviets de village, de même que toute la vie politique des campagnes soviétiques, ont pour orientation générale l'alliance du pauvre et du moyen paysan, marchant ensemble, faisant bloc (comme nous l'avons vu par les chiffres cités plus haut) contre une poignée peu nombreuse de koulaks qui voudraient attirer de leur côté les fractions relativement aisées des paysans moyens et profiter de leur prédominance économique pour prendre la direction politique du village.

4. Comment et pourquoi on organise les paysans pauvres

Les paysans pauvres sont plus dispersés et, faute d'organisation, ne sont pas toujours en état de défendre leurs intérêts.

Comme nous l'avons vu dans le chapitre traitant du développement social et économique des campagnes soviétiques, les koulaks forment un groupe très nombreux dont l'importance est infiniment moindre dans l'U.R.S.S. que dans les pays capitalistes.

Mais, comme tout paysan travailleur le sait par sa propre expérience, les paysans riches s'efforcent de profiter de leurs ressources économiques et de la faiblesse des paysans pauvres pour les écarter et prendre en mains la direction des affaires publiques du village.

Des tendances semblables s'observent aussi dans l'U.R.S.S. A côté du progrès économique général, on constate un certain relèvement des éléments koulaks, relativement moindre, il est vrai, que dans les pays capitalistes et parallèle à une diminution du nombre des paysans pauvres (voir le chapitre indiqué plus haut).

Pour éveiller l'activité politique des paysans pauvres, pour favoriser leur organisation et leur assurer une part à la direction de la vie du village, il a été pris ces deux dernières années certaines mesures spéciales de nature à grouper les éléments pauvres.

Sous le régime soviétique, où, comme nous l'avons vu, les soviets sont une organisation de masses assurant la défense des intérêts des paysans travailleurs, il n'est pas nécessaire d'avoir un groupement propre aux paysans pauvres : il suffit de développer l'activité de ces derniers, de les réunir plus étroitement autour des soviets, autour d'organisations essentielles comme la coopération et les sociétés de secours mutuel.

La pratique connaît les deux formes suivantes d'organisation de paysans pauvres : les assemblées de pauvres réunies à propos des problèmes essentiels de la vie campagnarde, et les groupes de pauvres fonctionnant auprès des soviets, des directions de coopératives et des comités de secours mutuel.

Avant les dernières élections, il a été réuni des assemblées préparatoires de paysans pauvres où étaient examinées les questions ayant trait à ces élections et désignées des candidatures de députés aux soviets.

De même, avant la campagne d'élections coopératives, les paysans pauvres membres de la coopération se réunissaient pour examiner les candidatures.

Ces diverses réunions donnent plus de cohésion aux éléments pauvres, augmentent leur intérêt pour les questions publiques du village et entraînent d'ordinaire une plus large participation des pauvres aux assemblées générales. Les réunions de pauvres jouent le rôle de conférences préliminaires avant l'assemblée générale où se font les élections. Ces réunions ne prennent pas de décisions à la place des assemblées générales, mais elles facilitent la manifestation organisée de l'opinion des pauvres.

On y élabore des propositions de nature à être inscrites dans le mandat donné aux députés, mandat qui, une fois adopté par l'assemblée générale, servira de base au travail du soviet, de la coopérative ou de la société de secours mutuel.

De même, la réunion de pauvres, après avoir désigné des candidatures au soviet ou à la direction de la coopération, présente ces candidatures à l'assemblée générale où se fait l'élection définitive.

Ces réunions sont organisées de façon à ne pas isoler les pauvres de la masse des paysans travailleurs.

Partant de la nécessité de conserver et d'affermir le bloc de toute la population laborieuse des campagnes, pauvres et moyens, les réunions de pauvres, en étudiant telle ou telle proposition, se préoccupent de ne nuire en rien aux intérêts des paysans moyens.

D'ailleurs, elles invitent à assister à leurs débats les paysans moyens, qui répondent volontiers à cette invitation. C'est ainsi qu'on obtient une parfaite unanimité des paysans travailleurs.

Outre les réunions, il existe des « groupes de pauvres » auprès des soviets, de la coopération et des sociétés de secours mutuel.

Ces groupes ne jouissent d'aucuns droits spéciaux, ils s'efforcent seulement d'assurer à leurs membres l'influence à laquelle ils ont droit sur le fonctionnement des diverses organisations, de faire respecter en toutes circonstances les intérêts de la partie pauvre du village.

Ainsi, dans la répartition des crédits, dans les opérations de remembrement, dans les travaux d'amélioration du village, etc..., les groupes de pauvres, après avoir examiné ces questions, apportent au soviet, à la coopération ou aux comités de secours mutuel leurs propositions.

Voilà de quelle façon les paysans pauvres de l'U.R.S.S., sans avoir d'organisation séparée, assurent leur participation à la vie sociale et combattent l'influence des riches.

Comme on le voit par tout ce qui précède, les réunions et les groupes de pauvres tels qu'ils se pratiquent depuis ces deux dernières années, n'ont absolument rien de commun avec les « comités de pauvres » qui existaient en 1918 (voir le chapitre sur « Le pouvoir des soviets et les paysans à l'époque de la guerre civile).

Il s'agissait alors d'organisations séparées, nécessaires à ce moment pour triompher de la résistance des éléments koulaks, alors beaucoup plus nombreux, en présence d'une attitude passive ou neutre du paysan moyen.

Aujourd'hui que la pleine liberté des élections est assurée et qu'il existe toutes sortes d'organisations sociales dans les campagnes, il s'agit seulement de développer l'activité des pauvres, en étroite alliance avec les paysans moyens.

Les réunions et les groupes de pauvres visent donc à renforcer le bloc des paysans travailleurs qui, en alliance avec la classe ouvrière, édifient la vie politique et sociale de l'Union soviétique sur de nouvelles bases.

Si on se demande quels sont les éléments des campagnes qui dirigent le village soviétique, quelques chiffres concernant le personnel des soviets de village et des comités exécutifs de canton en donneront une idée.

5. Quels sont les éléments qui dirigent le village soviétique ?

Pour caractériser la composition sociale des soviets de village, nous prendrons les données concernant 821.210 députés, membres de 54.971 soviets élus en 1927.

D'après la statistique de l'impôt agricole payé par les membres des soviets de village, ces derniers peuvent être groupés de la façon suivante :

	Exempts d'impôts	Payant : moins d'1 r.	1 à 2 r.	2 à 5 r.	5 à 10 r	plus de 10 r.
Membres de soviets..	16,1	15,8	24,1	25,1	11,7	7,2
Présidents de soviets.	15,5	15,5	25,4	26,1	11,3	6,2

Les chiffres ci-dessus montrent que, parmi les paysans membres des soviets, 31,9 %, dans la R.S.F.S.R., sont ou bien complètement exempts d'impôt ou bien taxés à moins d'un rouble. Selon les régions, cette proportion varie entre 22,9 % et 52,7 %.

Le tableau ci-dessus n'a pas besoin d'explication et confirme que les paysans pauvres et moyens ont le rôle dirigeant dans les soviets.

Considérons maintenant la composition sociale des comités exécutifs de canton et de rayon cette même année 1917 :

	Exempts d'impôts	Payant : moins d'1 r.	1 à 2 r.	2 à 5 r.	5 à 10 r.	plus de 10 r.
Membres des comités exécutifs	20,6	14,1	24,3	25,4	10,9	4,7
Présidents de comités exécutifs	25,2	13,6	25,1	25	8	3,1

Ceux qui sont complètement exempts d'impôt ou qui paient moins d'un rouble, c'est-à-dire les pauvres, composent un groupe important de 34,7 % parmi les membres des comités exécutifs de canton et de rayon et de 38,8 % parmi les présidents de ces comités. La proportion est ici plus élevée que dans les soviets de village.

Ainsi, dans tous les organes du pouvoir dans les campagnes, la direction appartient au bloc des paysans travailleurs, pauvres et moyens.

Pour montrer comment la composition des soviets et des comités exécutifs a varié au cours de ces trois dernières années, nous pouvons nous reporter au tableau comparatif donnant la proportion des membres de ces organes libérés de l'impôt agricole :

	1924-25	1925-26 %	1927
Membres de soviets......	8	8,4	16,1
Présidents de soviets	4,9	5,6	14
Membres de comités exécutifs de canton	7,8	8,5	20,6
Présidents	3,5	3,5	25,2

Nous voyons ainsi qu'après les élections de 1927, la représentation des paysans pauvres dans les organes du pouvoir a considérablement augmenté. Cette augmentation s'explique en partie parce que, en 1927, il a été exempté de l'impôt agricole un plus grand nombre de familles que les années précédentes (1).

Il s'ensuit que les chiffres de 1927 et des années précédentes ne sont pas exactement comparables entre eux puisque les paysans membres des soviets comptés comme exemptés d'impôt en 1927 pouvaient être, les années précédentes, inscrits parmi les payants, quoique ayant toujours été dans la même situation de fortune.

Mais cette différence ne peut pas être considérable et il reste incontestable que les élections de 1927 ont donné dans l'ensemble une forte augmentation du nombre des paysans pauvres dans les soviets des villages et les autorités cantonales.

Les chiffres donnés plus haut montrent que les années précédentes, les éléments pauvres, faute d'activité, n'avaient pas la part d'influence qui leur revient, étant donné la place qu'ils occupent dans l'ensemble des familles paysannes. En 1927, cette situation a été complètement modifiée : les pauvres avec les paysans moyens dirigent toute la vie soviétique.

Il faut constater en outre un renforcement du rôle dirigeant des paysans pauvres, dont le nombre diminue dans l'ensemble des familles paysannes (24 % en 1925, 21,6 % en 1926 et 20,4 % en 1927), tandis que leur part augmente dans les organes du pouvoir.

1. Il s'agit ici de la loi en vigueur avant le manifeste du Comité central exécutif pour le 10e anniversaire de la révolution d'Octobre. La proportion des familles exemptées d'impôt était de 25 %. Comme on le sait, le manifeste a porté ce nombre à 35 %.

VI

Les bases de la politique de paix des Soviets

Le but fondamental de la politique extérieure de l'U.R.S.S. réside dans la conservation de la paix. Le gouvernement des Soviets mène une lutte acharnée et incessante pour la paix, en dépit des provocations de toutes les puissances hostiles au premier Etat prolétarien. Naturellement, le gouvernement soviétiste, tout en s'efforçant de conserver la paix et de détourner les menaces de guerre, défend l'indépendance entière de l'Etat prolétarien en même temps que celle des petites nations et accorde toute l'aide possible aux peuples coloniaux et semi-coloniaux opprimés par l'impérialisme et combattant pour leur libération. Le gouvernement soviétique, gouvernement ouvrier et paysan du premier Etat prolétarien du monde, réalise ainsi les principes fondamentaux d'une politique extérieure répondant aux intérêts de la classe laborieuse.

1. Qui est intéressé à la conservation de la paix?

L'U.R.S.S. est intéressée à la conservation de la paix, car toutes les classes de la société soviétique, la classe ouvrière et la classe paysanne, désirent la paix. Les ouvriers et les paysans ont restauré l'économie de leur pays après les ruines accumulées par la guerre impérialiste et la guerre civile, par l'intervention et le blocus impérialiste. Après la fin de cette période de restauration économique, le pays est entré dans une phase de développement socialiste. Les travailleurs de l'U.R.S.S. édifient une société nouvelle, une vie nouvelle. La guerre ne pourrait qu'entraver leur labeur fiévreux de construction. Grâce à la nationalisation des principaux moyens de production et de transport, à la nationalisation des banques, au développement de la coopération dans les villages, au système soviétique d'administration, à la participation des travailleurs à la direction des affaires, à l'orientation systématique de l'économie, etc..., la vitesse de développement de l'Etat soviétique dépasse celle de n'importe quel pays capitaliste pendant la phase d'essor la plus rapide. La guerre retarderait l'édification socialiste, empêcherait l'augmentation du bien-être matériel des ouvriers et des paysans, mettrait obstacle à la révolution culturelle en voie de réalisation. Voilà pourquoi l'U.R.S.S. est pour la paix.

Les masses laborieuses de l'U.R.S.S. comprennent que dans les pays impérialistes, toutes les charges de la guerre retombent sur la classe ouvrière et paysanne. Les travailleurs de l'U.R.S.S. sont pour la paix également pour des raisons de solidarité prolétarienne.

2. Qui a intérêt à répandre la fable de l'impérialisme rouge?

Dans l'U.R.S.S., où le pouvoir appartient aux travailleurs, aucune des raisons qui poussent les pays impérialistes à une politique de guerre ne peut plus subsister. L'U.R.S.S. reconnaît à tous les peuples le droit de disposer d'eux-mêmes jusqu'à se séparer. Elle n'a pas seulement proclamé ce droit. Elle l'a réalisé, comme le montre l'exemple de la Pologne, de la Finlande, de la Lettonie, de la Lithuanie, de l'Esthonie, etc. L'U. R.S.S. ne nourrit aucune ambition impérialiste, ne cherche pas à conquérir de nouveaux territoires. Au contraire, elle combat l'oppression des nations faibles par l'impérialisme. La légende de l'impérialisme rouge n'est en effet qu'une légende. L'U.R.S.S. a déchiré tous les traités secrets de la Russie tsariste et impérialiste. Elle a renoncé à tous les traités conclus par cette Russie tsariste au détriment de la Turquie, de la Perse, de l'Afghanistan et en a conclu de nouveaux sur un pied d'égalité. Elle a annulé les traités imposés à la Chine et a reconnu une entière égalité de droits à ce pays opprimé. Loin d'attenter à l'indépendance et à l'intégrité territoriale des Etats limitrophes, elle défend leur indépendance (voir plus loin la question concernant la Lithuanie). Si la bourgeoisie et les agrariens répandent la fable des ambitions impérialistes que nourrirait soi-disant le gouvernement soviétique, c'est pour essayer d'endormir la vigilance des masses laborieuses de leurs pays et de leur cacher leurs véritables intentions.

Tout ce qui vient d'être dit ne prouve-t-il pas qu'il n'existe pas d'impérialisme rouge et que l'U.R.S.S. au contraire est le seul et ferme appui des nations faibles contre l'impérialisme, le seul champion véritable du principe du droit des peuples à disposer d'eux-mêmes jusqu'à se séparer.

3. Quelle différence y a-t-il pratiquement entre la politique internationale de l'U.R.S.S. et celle des pays capitalistes?

Dans les Etats capitalistes, le gouvernement, réalisant la volonté des classes dirigeantes, capitalistes et grands propriétaires, dispute aux autres gouvernements de même nature les marchés d'écoulement et les sources de matières premières dont le capital a besoin.

La politique des Etats capitalistes est subordonnée aux intérêts du capital financier, qui veut exploiter les richesses des peuples économiquement retardataires et qui cherche de nouvelles sphères d'investissement procurant au capital des surprofits aux dépens des peuples faibles.

La rivalité exacerbée pour les marchés d'écoulement, les sources de matières premières et les sphères d'investissement du capital (les colonies) pousse les gouvernements capitalistes dans la voie de la politique impérialiste, dans une politique de conquêtes, de violences contre les nations faibles et de guerres. L'U.R.S.S., comme nous l'avons vu, a prouvé par le fait que sa politique internationale émane de principes absolument opposés.

On comprend aussi que, si les travailleurs des pays capitalistes ne sont nullement intéressés à la politique impérialiste de leurs gouvernements, les ouvriers et les paysans de l'U.R.S.S., à qui appartient tout le pouvoir au pays des Soviets, n'ont aucun plan de conquête.

Tout au contraire, la politique internationale de l'U.R.S.S., qui tend seulement à maintenir en paix les peuples de l'Union, émane de la nécessité d'aider moralément les peuples retardataires dans leur lutte contre les oppresseurs.

C'est à cette aide que les ouvriers et les paysans de l'U.R.S.S. appellent les travailleurs de tous les pays.

Tels sont les principes inébranlables pour tout gouvernement ouvrier et paysan qui sont à la base de la politique de l'U.R.S.S. Mais bien plus, pratiquement, la situation de l'U.R.S.S. est telle qu'elle possède tout ce qui est nécessaire pour développer son économie, pour organiser son existence sur de nouvelles bases. L'U.R.S.S. n'a pas besoin de marchés pour écouler les produits de son industrie, car son marché intérieur non seulement est suffisant pour l'industrie nationalisée, mais même ne peut être entièrement satisfait par sa production. A mesure que se développent les forces productives du pays, à mesure que progressent l'industrie et l'agriculture, augmente le bien-être des masses laborieuses ainsi que la consommation des ouvriers et des employés. Par conséquent, la question des marchés ne saurait fournir de prétexte à une politique de guerre, comme cela a lieu dans les pays impérialistes.

Ce qui joue un rôle extrêmement important dans ces derniers, c'est la lutte pour les sources de matières premières. C'est là une des causes de la politique impérialiste, c'est ce qui conduit à la conquête des colonies et à l'oppression des semi-colonies. L'U.R.S.S. est un des pays les plus riches par ses richesses naturelles et par son sous-sol. L'économie rurale a des possibilités illimitées de développement en ce qui concerne les cultures industrielles et autres. L'U.R.S.S. ne désire naturellement pas se retirer de la circulation commerciale internationale et, malgré ses tendances à l'indépendance économique par rapport au monde capitaliste, elle participe à la division du travail entre les différents peuples. Pourtant, un pays qui occupe la sixième partie du monde peut, par son seul commerce intérieur, assurer à son industrie les matières premières nécessaires. Ainsi, cette autre cause de la politique de conquête ne joue pas dans l'U.R.S.S.

L'U.R.S.S. n'exporte pas de capitaux, elle ne cherche pas de surprofits dans les pays coloniaux et semi-coloniaux. Elle n'émet pas d'emprunts à l'étranger et elle n'est donc pas intéressée à obtenir des garanties sous forme d'occupation militaire, comme cela se pratique dans les pays impérialistes. Elle n'a pas de colonies et n'est pas intéressée au partage des colonies : au contraire, elle combat les exploiteurs des peuples coloniaux.

Nous voyons donc qu'il n'y a pas une seule cause qui puisse pousser l'U.R.S.S. à une politique de guerre. Tout, au contraire, principes et considérations pratiques, dirigent l'U.R.S.S. dans le sens de la paix.

4. Qui fomente la guerre?

La guerre est nécessaire aux puissances impérialistes : tous leurs efforts tendent à créer les conditions politiques, militaires et économiques qui engendrent les guerres.

La guerre est préparée avant tout contre l'U.R.S.S.

Les impérialistes ont besoin de marchés d'écoulement et l'U. R. S. S. serait pour eux le plus grand de ces marchés : il serait facile de l'exploiter librement, si le capital international réussissait à se débarrasser du pouvoir des soviets, à obtenir l'abolition du monopole du commerce extérieur, à changer ce grand pays en une semi-colonie, en une dépendance économique, financière et par là même politique. L'initiateur de ces préparatifs de guerre contre l'U.R.S.S., c'est le gouvernement britannique : en effet, l'industrie anglaise (mines, textile, constructions navales, métallurgie, etc.) est en état de crise. L'existence de l'Union des Soviets, son renforcement, sa puissance économique et politique croissantes fournissent aux classes opprimées de tous les pays un exemple frappant. La politique nationale que poursuit le pouvoir des soviets encourage les peuples opprimés et exploités à lutter pour leur libération. La révolution russe réveille des millions et des centaines de millions de travailleurs des pays coloniaux et semi-coloniaux en général et des pays d'Orient (Chine, Inde anglaise, Indes néerlandaises, Turquie, Perse, etc.) en particulier. La prise du pouvoir par le prolétariat allié aux paysans, le fait que la classe ouvrière alliée aux paysans se maintient depuis plus de 10 ans déjà au pouvoir, les succès de l'édification socialiste dans l'U.R.S.S. ont élevé à un degré inouï la lutte de classe du prolétariat international.

Toutes ces causes ont fait que le capital international, les conservateurs anglais en tête, ont entrepris une politique d'encerclement de l'U.R.S.S. La diplomatie anglaise s'efforce de constituer une coalition antisoviétique, elle groupe toutes les forces réactionnaires et contre-révolutionnaires contre l'U.R.S.S. En Pologne, dans les pays baltiques, dans les Balkans, en Turquie, en Perse, en Chine et ailleurs, la diplomatie britannique fomente la guerre contre l'U.R.S.S. En même temps en Allemagne, en France et en Italie, dans les pays de la Petite-Entente, Tchécoslovaquie, Yougoslavie, Roumanie, les forces de la contre-révolution se mobilisent contre l'U.R.S.S. Des hommes d'Etat anglais sont en pourparlers avec les garde-blancs russes, ils soutiennent leurs complots et leurs actes de terrorisme, ils les utilisent pour former des organisations d'espionnage. Dans cette campagne, tous les moyens sont bons, jusqu'au meurtre des représentants soviétiques, jusqu'à la fabrication de faux billets de banque soviétiques.

Les puissances impérialistes qui préparent la guerre contre l'U.R.S.S. sont en même temps déchirées par des conflits continuels et toujours plus graves suscités par leurs antagonismes mutuels. La vie politique internationale apporte presque chaque jour de nouveaux faits et de nouveaux événements caractérisant la lutte entre Etats impérialistes pour le partage du butin colonial et la consolidation des conquêtes déjà faites.

On connaît les antagonismes existant entre les impérialistes anglais et japonais et américains en Chine, la lutte entre l'Angleterre et les Etats-Unis pour le Canada et l'Australie, qui sont des colonies anglaises, mais où pénètre de plus en plus le capital américain ; les antagonismes entre l'Angleterre et la France pour l'hégémonie sur les petits Etats d'Europe ; enfin d'autres antagonismes encore, gros de complications militaires.

La tension des relations internationales et les préparatifs de guerre contre l'U.R.S.S. se manifestent clairement dans la croissance accélérée des armements dans tout le monde capitaliste.

Contre l'U.R.S.S., sont prêts à prendre les armes tous les Etats impérialistes, mais les antaganismes existant entre eux ne leur ont pas encore permis de s'entendre.

Ici joue un rôle important le fait que les impérialistes des Etats grands et petits savent que les masses populaires du monde entier sont contre la guerre et qu'une guerre contre l'U.R.S.S. se heurtera à la résistance catégorique de tous les travailleurs.

5. Comment le gouvernement soviétique pratique sa politique de paix

Tous les actes du gouvernement soviétique tendent en réalité à la conservation de la paix, à l'obtention de garanties effectives de paix. Notons seulement quelques-uns des derniers événements de politique internationale.

a) A la conférence préparatoire du désarmement convoquée par la Société des nations en décembre 1927, la délégation de l'U.R.S.S., présidée par Litvinov, a proposé le désarmement réel et complet de toutes les puissances dans un délai de quatre ans, l'abolition de toutes les armées permanentes, l'interdiction de fabriquer du matériel de guerre, la solution de tous les conflits par la voie pacifique, etc. Le représentant de l'U.R.S.S. déclara que son gouvernement était prêt à réaliser toutes ces mesures pourvu que les autres puissances désarment également.

Il n'est pas inutile de noter que les représentants des gouvernements capitalistes se prononcèrent contre cette proposition et sabotèrent par tous les moyens non seulement sa mise en application, mais même sa discussion. Fait plus caractéristique encore, le socialiste français Paul-Boncour fut le premier à prendre la parole contre la proposition de désarmement intégral du gouvernement des Soviets. Les journaux bourgeois, eux-mêmes, furent obligés de reconnaître que le gouvernement soviétique proposait un véritable désarmement, tandis que les gouvernements bourgeois sabotaient et repoussaient cette proposition et continuaient à s'armer fiévreusement.

b) Dans l'Est de l'Europe, le conflit polono-lithuanien constitue une grave menace pour la paix. Le gouvernement de Pilsudski prépare l'annexion de la petite Lithuanie. Il se forme là un foyer d'incendie qui menace l'Europe orientale et par suite l'Europe toute entière. Non seulement le ministre français Briand, mais même un ennemi de l'U.R.S.S. comme le ministre anglais Chamberlain, ont été obligés d'avouer que l'intervention de la diplomatie soviétique avait empêché le conflit de s'envenimer et prévenu la catastrophe possible.

c) Dans ces derniers temps, il s'est produit plusieurs événements à l'occasion desquels les ennemis de l'U.R.S.S. et principalement le gouvernement anglais ont voulu provoquer l'U.R.S.S. à la guerre. Le gouvernement soviétique, pour conserver la paix, a accueilli froidement des provocations inouïes.

6. Comment les gouvernements impérialistes et leurs agents provoquent l'U.R.S.S. à la guerre

Les cas n'ont pas été rares ces derniers temps. Nous citerons seulement quelques exemples :

1. A Varsovie a été tué le représentant de l'U.R.S.S., Voïkov, par le garde-blanc Kaverda. L'organisation monarchique dont ce dernier était membre agissait en liaison étroite avec le contre-espionnage anglais en Pologne, et le meurtre a certainement été commis avec l'assentiment de ce dernier. Le but était de susciter une guerre entre l'U.R.S.S. et la Pologne. Seul, le sang-froid extraordinaire du gouvernement soviétique, a détourné le danger.

2. En avril 1927, les « troupes » du bandit Tchang-Tso-Lin font une descente dans l'ambassade de l'U.R.S.S. à Pékin. Toute l'opération était accomplie avec le consentement préalable du corps diplomatique. Tchang-Tso-Lin agissait à l'instigation de la diplomatie anglaise. Le but était de provoquer une intervention armée de l'U.R.S.S. contre Tchang-Tso-Lin, d'entraîner dans le conflit le Japon et, profitant de cette conflagration générale en Extrême-Orient, de susciter une guerre entre l'U.R.S.S. et la Pologne.

3. Dans l'été de 1927, une bombe est jetée au club communiste de Léningrad. L'attentat est dû à une organisation de gardes-blancs russes dont le centre se trouve en Finlande. Les complices arrêtés déposent devant le tribunal que des officiers du contre-espionnage anglais en Finlande leur ont donné un appui matériel pour accomplir leur attentat. En même temps se pro-

duisaient sur la frontière polono-soviétique plusieurs autres attentats contre des représentants du pouvoir des Soviets. L'enquête établit, là aussi, la complicité du contre-espionnage anglais.

4. La rupture des relations diplomatiques entre l'Angleterre et l'U.R.S.S. revêtit elle-même des formes inouïes de provocation. La descente de police dans les locaux de la Représentation Commerciale de l'U.R.S.S. à Londres ne donna aucun résultat et néanmoins le gouvernement conservateur voulut la rupture. Après la cessation des relations diplomatiques, les milieux réactionnaires anglais engagèrent une vaste campagne en France pour susciter une rupture analogue entre l'U.R.S.S. et la France. La fameuse affaire Rakovski ne fut qu'une mise en scène du capital pétrolier anglais. En rappelant son ambassadeur et en le remplaçant par un autre, le gouvernement soviétique montra une fois de plus qu'il était prêt à tout pour conserver la paix.

5. Dans le même dessein que l'attentat de Pékin (voir 2), le 7 novembre 1927, les gardes-blancs russes firent une descente au Consulat général de l'U.R.S.S. à Changhaï, sur le territoire du quartier international. Ce quartier est pratiquement sous l'autorité des Anglais. La presse anglaise, les organisations fascistes anglaises conseillaient cet attentat. Ce sont les autorités anglaises qui ont poussé les gardes-blancs russes, et la police anglaise qui a laissé faire le tout.

De même, en décembre 1927, les troupes contre-révolutionnaires des généraux chinois, à l'instigation des impérialistes, exécutèrent une attaque semblable contre le consulat de l'U.R.S.S. à Canton, mirent à sac le bâtiment et fusillèrent cinq des collaborateurs.

Voilà quelques exemples de provocations inouïes et, en même temps, quelques preuves éclatantes de la volonté de paix du gouvernement soviétiste.

7. Est-il vrai que le gouvernement soviétiste intervient dans les affaires intérieures des autres pays?

Est-il vrai que le gouvernement soviétiste s'occupe de propagande bolchéviste, comme l'assurent les ennemis de l'U.R.S.S. ?

Le gouvernement soviétiste a conclu des traités avec de nombreux Etats, dans lesquels il s'engage catégoriquement à ne pas intervenir dans les affaires intérieures des autres pays. Jusqu'à ce jour, personne n'a pu prouver que le gouvernement soviétiste ou ses représentants aient pris la moindre part à la propagande bolchéviste. Il existe dans toute l'Europe des entreprises de fabrication de faux documents, mais même les tribunaux bourgeois ont été obligés de reconnaître que ce sont là des faux. Il est aujourd'hui irréfutablement établi que la fameuse lettre de Zinoviev était également un faux. Le gouvernement soviétiste et ses représentants ne s'occupent pas de propagande bolchéviste, car ils comprennent parfaitement qu'il est impossible de créer artificiellement des partis bolchévistes. L'existence seule de l'U.R.S.S. augmente naturellement les dispositions de combat et les forces des classes et des nations opprimées. Le gouvernement soviétiste ne saurait naturellement interdire aux syndicats ouvriers de l'U.R.S.S. de prêter leur aide morale et matérielle à leurs frères de classe en lutte, comme cela est arrivé pendant la grève générale en Angleterre ou pendant d'autres grèves encore. Tout comme le gouvernement anglais n'empêche pas les réactionnaires anglais de soutenir les gardes-blancs russes, le gouvernement soviétiste n'empêche pas l'activité de l'Internationale communiste. Il ne lui refuse pas asile, tout comme le gouvernement suisse ne refuse pas asile à la Ligue antibolchéviste.

8. Pourquoi l'U. R. S. S. n'entre pas dans la Société des Nations

Parce que la Société des nations est la Sainte-Alliance de nos jours, une entreprise de réaction pour tromper les masses. La Société des nations est un instrument entre les mains de quelques grandes puissances pour couvrir leurs buts impérialistes. Elle prépare la guerre et non la paix. Elle sert de paravent aux armements et ne prépare pas le désarmement. Le sabotage de la proposition de désarmement de Litvinov est la meilleure preuve que la Société des nations n'est pas un instrument de paix, mais de guerre. La Société des nations a sanctionné la campagne de Mussolini contre la Grèce, l'extermination des insurgés syriens par les Français, la saisie de toutes les richesses économiques de l'Irak par l'Angleterre, la mise à sac des territoires sous mandat par l'impérialisme, la prise de Vilna par la Pologne, l'intervention en Chine, etc., etc. Les fameux traités de Locarno ont été un leurre, le fruit d'intrigues impérialistes. La Société des nations défend les traités de conquête conclus après la guerre mondiale. Elle est le meilleur soutien des traités de Versailles, de Saint-Germain, de Trianon et de Neuilly. La Société des nations est une place d'armes pour de nouvelles guerres, un instrument au moyen duquel l'impérialisme tâche de conserver son butin. Les social-démocrates, sans doute, cherchent à faire illusion aux masses sur le vrai caractère de la Société des nations, mais cela ne change rien à la situation. Déjà, aujourd'hui, les gouvernements bourgeois eux-mêmes se moquent d'elle et ne prennent pas au sérieux son existence. La Société des nations est le rempart de la réaction mondiale, une arme de défense du capitalisme. Aussi, l'U.R.S.S. n'est-elle pas entrée et n'entre-t-elle pas dans cette société. L'U.R.S.S. envoie quelquefois des représentants aux conférences convoquées par la Société des nations : ce n'est pas qu'elle espère que ce cénacle de gouvernements bourgeois puisse résoudre les problèmes internationaux, c'est seulement pour mieux démasquer son véritable caractère. La Société des nations était la coalition des puissances victorieuses contre les vaincues. Elle était le groupement de la contre-révolution capitaliste contre l'U.R.S.S. A mesure que grandissent les antagonismes dans le clan impérialiste, la Société des nations se désagrège peu à peu. La véritable Société des nations ne sera constituée que par la révolution victorieuse qui amènera au pouvoir un gouvernement ouvrier et paysan.

9. Pourquoi l'U. R. S. S. traite-t-elle avec l'Italie fasciste ?

L'U.R.S.S. est entourée de tous côtés d'Etats capitalistes. L'U.R.S.S. aspire à la paix. Aussi a-t-elle été obligée de rechercher un armistice entre les deux systèmes économiques et sociaux. L'U. R.S.S. a besoin de relations commerciales avec le monde capitaliste tout comme celui-ci a besoin des mêmes relations avec l'U.R.S.S. Il fallait trouver un *modus vivendi* pour assurer ces relations. Aussi l'U.R.S.S., sans rien abandonner de ses principes, est-elle disposée à conclure des traités avec n'importe quel pays capitaliste, y compris l'Italie fasciste, pourvu que ces traités soient acceptables aux travailleurs.

L'U.R.S.S., comme Etat prolétarien, doit trouver un *modus vivendi* pour les relations économiques et, par conséquent, diplomatiques avec les pays capitalistes jusqu'au jour où les masses laborieuses de ces pays renverseront leur bourgeoisie.

Pourquoi l'U. R. S S. défend-elle l'indépendance de la Lithuanie fasciste ?

L'U.R.S.S. défend, en général, l'indépendance des petites nations. Si l'impérialisme polonais s'emparait de la Lithuanie, la conséquence pour les ouvriers et les paysans lithuaniens serait qu'au joug de leur ennemi de classe s'ajouterait celui d'une autre nation. L'oppression nationale affaiblirait les antagonismes sociaux, car les masses laborieuses pourraient croire que leur misère et leur exploitation s'explique par la domination étrangère. Au contraire, l'affranchissement national et l'indépendance créent une situation nette. Les classes dominantes ne peuvent faire retomber la faute de la misère des masses populaires sur les impérialistes étrangers. L'indépendance nationale crée ainsi un terrain favorable à l'exacerbation de la lutte de classe et par là même à l'affranchissement des classes opprimées. En outre, l'occupation de la Lithuanie renforcerait en Pologne les tendances les plus impérialistes, les plus réactionnaires. L'occupation de la Lithuanie par la Pologne renforcerait par contre-coup le chauvinisme lithuanien, affaiblirait les antagonismes de classe et par suite renforcerait l'impérialisme en Pologne. En outre, une entreprise de la Pologne contre la Lithuanie équivaudrait à un danger de guerre immédiat. Aussi l'U.R.S.S. défend-elle l'indépendance de la Lithuanie dans l'intérêt des masses laborieuses de ce pays et dans l'intérêt de la paix. Il ne s'ensuit naturellement pas que l'U.R. S.S. soutienne le gouvernement fasciste actuel.

VII

L'Eglise et l'Etat dans l'U. R. S. S.

1. Le Gouvernement tsariste et la religion

Les peuples de Russie professent diverses religions. Le gouvernement tsariste ne protégeait que la religion orthodoxe. L'Eglise orthodoxe était déclarée officiellement Eglise dominante.

Cette situation qui lui était faite avait des buts politiques : *elle servait l'impérialisme tsariste.*

Le gouvernement tsariste donnait à ses sujets orthodoxes, (les Grands-Russiens et les autres Slaves) des privilèges politiques et économiques que ne possédaient pas les autres: Polonais, Tartares, Juifs, etc. L'armée avait comme devise : « Pour la foi, le tsar et la patrie ». Par la foi, on entendait l'orthodoxie. Ainsi, le gouvernement pouvait plus facilement opprimer les populations non-russes de l'Empire et entreprendre des guerres de conquête. Sous prétexte de défendre la « foi orthodoxe », il ne cherchait en réalité qu'à grouper sous son autorité les peuples slaves (panslavisme), à asseoir son pouvoir sur les Balkans, à continuer ses conquêtes en Asie, dans le Sud ou bien même en Orient.

L'Eglise orthodoxe sanctifiait les actes de l'impérialisme russe et de l'autocratie.

Elle était soutenue matériellement et moralement par le gouvernement, mais elle lui était subordonnée : l'autorité suprême de l'Eglise, « le saint-synode dirigeant », recevait du budget 20 à 30 millions de roubles par an, mais il avait à sa tête un laïque (le haut procureur) nommé par le tsar.

Les autres religions dépendaient administrativement du ministère de l'Intérieur et de la police. Le clergé catholique et les autres clergés étaient obligés de soutenir officiellement le pouvoir tsariste, de faire prêter serment aux soldats de leur religion, de prier pour le gouvernement et la dynastie, de recevoir solennellement le tsar dans ses déplacements...

En échange, ces clergés recevaient des avantages matériels, un traitement pour l'enseignement du catéchisme dans les écoles, un casuel pour l'exécution des rites (baptêmes, etc.), dont l'accomplissement était obligatoire pour les sujets chrétiens de l'Empire.

2. Le pouvoir des Soviets et la religion.

La situation privilégiée de l'Eglise orthodoxe lui avait permis d'accumuler des richesses matérielles considérables : avant la révolution, elle possédait 2.611.630 hectares de terres, de nombreuses entreprises et des capitaux déposés en banque s'élevant à 60 millions de roubles. Cette même situation lui donnait le moyen d'exploiter la population, principalement les paysans.

Le pouvoir des Soviets, en abolissant la propriété et en nationalisant, pour les remettre à la population paysanne laborieuse, tous les domaines privés, rendit aux paysans presque tous les biens d'Eglise, sauf ceux qui furent transformés en domaines nationaux pour servir d'établissements modèles.

De même, en nationalisant les capitaux privés déposés dans les banques, le pouvoir des soviets nationalisa ceux qui appartenaient aux Eglises.

En nationalisant les entreprises commerciales et industrielles privées, le pouvoir des soviets nationalisa celles qui appartenaient aux Eglises.

C'étaient là des actes d'ordre économique, mais ayant, à la fois, une signification politique. Mais le principal acte politique en la matière fut, le 20 janvier 1918, le décret sur la séparation de l'Eglise et de l'Etat. L'Eglise est privée de tout rôle politique, de toute participation à l'instruction publique. Toutes les religions et croyances sont reconnues égales : tout citoyen de la République des Soviets peut croire comme il veut ou ne pas croire du tout. Le même droit est étendu aux sectes religieuses qui étaient poursuivies par le gouvernement tsariste. La propagande religieuse dans les églises n'est pas interdite, les églises ne sont pas fermées, seule l'agitation politique du clergé est poursuivie quand elle est dirigée contre le régime des soviets. Les discussions publiques sur des sujets religieux entre croyants et incroyants sont autorisées et il y en a eu maintes fois. Les congrès ou conciles de croyants sur des matières religieuses, l'organisation autour des églises de conseils de paroisses, sont permis. Les biens des églises sont remis à ces conseils à titre de jouissance et ils ont la responsabilité de leur entretien.

Telle est la politique du pouvoir des Soviets *à l'égard de tous les cultes*. Il faut ajouter que les ministres des cultes qui tirent leurs moyens d'existence de l'exécution des rites religieux sont, selon la constitution soviétique, privés du droit d'élire et d'être élus aux organes du pouvoir ; les membres de leurs familles qui ne sont pas à leur charge ne sont pas privés de ces droits.

En somme, le pouvoir des Soviets, enlevant à l'Eglise son rôle politique, l'a en même temps dispensée de servir l'Etat et lui a permis de se changer, d'une institution officielle, en une libre association de croyants que rien n'entrave dans son rôle religieux.

3. Comment le clergé orthodoxe et autre s'est comporté envers la révolution d'Octobre.

En apparence, l'attitude de l'Eglise orthodoxe envers l'Etat soviétique et son gouvernement ouvrier et paysan a été bien différente dans les premières années de la révolution et dans la période suivante.

Cette attitude a porté un caractère très accusé dans les premiers mois du pouvoir des Soviets et pendant la guerre civile. Les principaux faits qui en portent témoignage sont : l'excommunication de tous les communistes et l'anathème prononcé contre le gouvernement des Soviets par le patriarche Tikhon dans un appel à la population en 1919. Les communistes et les membres du gouvernement soviétique n'appartenaient ni à l'Eglise orthodoxe, ni à aucun autre culte religieux : leur excommunication, aux yeux de millions de croyants, ne pouvait poursuivre qu'un but politique. Plus tard, en 1920, il faut noter, pendant la famine, la résistance active à l'enlèvement d'une partie des richesses d'Eglise, destinée à être convertie en monnaie étrangère pour acheter à l'étranger des vivres aux affamés. En 1921, le fait essentiel est la liaison de l'Eglise orthodoxe avec le concile de Karlovitz (Serbie), auquel assistaient les dignitaires tsaristes et des représentants de la bourgeoisie émigrée, et qui élabora un plan de restauration monarchique en Russie.

Ces faits marquants, sans compter bien des mandements du patriarche Tikhon dirigés contre le pouvoir des Soviets et contre l'armée rouge, sans compter les bénédictions adressées aux gardes-blancs, prouvent que l'Eglise orthodoxe a manifestement manœuvré contre le pouvoir des Soviets en faveur de la restauration de l'autocratie.

L'attitude des autres clergés n'a guère été différente. Le clergé catholique fut le plus actif. En 1920, pendant la guerre avec la Pologne, ses membres invitèrent le peuple à anéantir les hérétiques bolchéviks, se livrèrent à l'espionnage, conseillèrent le massacre des Juifs dans la zone du front. Cette agitation contre-révolutionnaire ne cessa qu'après l'arrestation de l'évêque Cepliak à Léningrad et les sévères avertissements de la *Tchéka*.

Les pasteurs luthériens, les rabbins, les mullahs firent aussi du travail contre-révolutionnaire dans la zone du front et à l'arrière. Tous les clergés abandonnèrent, en cet honneur, leurs antagonismes religieux : on vit par exemple des luthériens remettre une adresse de félicitations à Tikhon.

4. Le « ralliement » de l'Eglise orthodoxe.

Un changement d'attitude apparent à l'égard du gouvernement soviétique s'est produit dans l'Eglise orthodoxe après la victoire définitive et manifeste du pouvoir des Soviets sur la contre-révolution intérieure et extérieure.

A ce moment prit naissance parmi l'émigration russe un mouvement de ralliement conseillant la réconciliation avec le gouvernement soviétique, reconnu désormais comme un fait, et même la collaboration avec lui pour reconstituer le pays sur de nouvelles bases économiques et politiques. Ce mouvement embrassa aussi une partie du clergé.

Sous le tsar, le clergé russe était comme divisé en deux classes : le clergé noir (les évêques et les moines) et le clergé blanc (le clergé des paroisses). Ce dernier était entièrement subordonné au clergé noir.

Matériellement, le clergé blanc était infiniment plus mal partagé que les moines. Il provenait parfois de la classe paysanne, parfois de la petite bourgeoisie ou des intellectuels pauvres. Ses membres les plus intelligents, poussés par ces raisons sociales et économiques, adhérèrent donc au mouvement de ralliement. Les « ralliés » avaient compris que tous les moyens de lutte contre le pouvoir des Soviets étaient épuisés : il fallait se rendre ou se condamner à vivre éternellement dans l'émigration. Leurs parents par le sang et par la situation sociale, les membres du clergé blanc, comprirent aussi que les moyens employés par l'Eglise contre le pouvoir des Soviets risquaient de détourner d'eux le gros des croyants et de leur faire perdre toute base sociale et matérielle.

Dès lors commence une volte-face dans les relations extérieures de l'Eglise avec l'Etat soviétique. Il s'ensuit dans l'Eglise une scission qui persiste jusqu'à ce jour.

En mai 1923, quelques membres du clergé blanc se rendent auprès de Tikhon et lui déclarent que la participation de l'Eglise à la politique contre-révolutionnaire étant désormais inséparable de son nom, il doit prendre sa retraite. Tikhon remet l'administration des affaires ecclésiastiques à une « Direction supérieure de l'Eglise », chargée de convoquer un concile panrusse. Ce dernier devra régler le sort de l'Eglise. Dans l'été, sur 72 évêques orthodoxes, 37 ont déjà pris le parti des novateurs et forment ce qu'on appelle l'Eglise vivante. Le concile condamne le rôle contre-révolutionnaire du patriarche. Il reconnaît le pouvoir des Soviets comme le pouvoir légitime établi par la majorité de la population et proclame l'Eglise vivante soumise à ce pouvoir.

Peu avant sa mort, Tikhon laisse aux croyants un document les invitant à se soumettre en conscience au pouvoir des Soviets. Cette déclaration était-elle sincère ? il est difficile d'en juger. Le texte n'en a pas été rédigé par lui-même : deux évêques le lui présentèrent et il se borna à le signer le jour de sa mort (il était malade et vivait en liberté dans un monastère).

5. La scission dans l'Eglise orthodoxe. Ce qu'a montré la pratique de l'Eglise vivante et des « Tikhoniens ».

A la suite de ces premiers troubles dans l'Eglise orthodoxe, il se manifesta plusieurs tendances religieuses ayant chacune leurs chefs et leurs théoriciens, leurs programmes plus ou moins radicaux de renouvellement et de réforme. La lutte commença entre ces tendances pour conquérir l'influence dominante sur les croyants. Néanmoins, on vit très clairement, dès le concile, que la rupture n'avait pas le caractère qu'on aurait pu supposer d'après les accusations portées par l' « Eglise vivante » contre Tikhon.

Les matériaux du concile, la polémique entre les divers groupes et la vie ultérieure de l'Eglise montrent qu'il s'est accompli en elle une révolution intérieure suscitée par des raisons économiques : le désir du clergé blanc de s'emparer de ce qui appartenait autrefois au clergé noir, à savoir la domination de l'Eglise et de ses biens matériels. Le clergé blanc s'est arrogé le droit d'occuper les sièges épiscopaux, de disposer des revenus de l'Eglise, de se remarier, etc. Certains membres de l'Eglise ont attaqué tel ou tel rite ou dogme. Ils ont modifié les services religieux chacun à leur façon. Quant à l'attitude envers le pouvoir des Soviets, elle est devenue loyale dans la forme, au moins dans l'Eglise vivante, qui a maintes fois tenté de conclure alliance avec lui et a introduit dans la liturgie des prières pour le gouvernement soviétiste à l'instar des anciennes prières pour le tsar. Parmi les partisans encore nombreux de l'Eglise « tikhonienne », conservant les anciens rites, on constate plus souvent de l'hostilité envers le pouvoir des Soviets et sa politique dans les villages (contre la coopération, contre les écoles, le cinéma, la radio, etc.).

Tels sont, dans leurs grands traits les causes et le caractère de la différenciation survenue dans l'Eglise orthodoxe. Le gros des croyants reste fidèle aux anciens rites mais en même temps s'éloigne sensiblement de l'Eglise en général. Les cas ne sont pas rares où les assemblées paysannes décident de fermer l'église de l'endroit et de la changer en une école ou en quelque autre institution d'enseignement.

6. L'attitude du pouvoir des Soviets envers l'Eglise a-t-elle changé ?

De ce qui vient d'être dit de la politique du pouvoir des Soviets envers l'Eglise et de la politique de l'Eglise envers le pouvoir des Soviets, une conclusion s'impose : le pouvoir des Soviets n'a aucune raison de changer d'attitude. Autour des communistes et du pouvoir des Soviets, se serrent de plus en plus étroitement les ouvriers et les paysans, qui voient la supériorité manifeste du régime soviétiste sur le régime capitaliste, et dont les progrès intellectuels s'affirment de plus en plus sous l'influence du travail d'éducation du parti communiste et du pouvoir des Soviets. Le nombre de croyants diminue de plus en plus. D'autre part, la réforme de l'Eglise n'a pu persuader personne qu'elle avait réellement changé. Les masses comprennent de mieux en mieux l'importance du travail libéré et de la science et y croient plus qu'aux prêtres.

Aussi la politique du pouvoir des Soviets envers l'Eglise n'a-t-elle pas changé. Le pouvoir des Soviets n'opprime nullement l'Eglise ni les croyants de tous les cultes en matière religieuse. En 1927, il s'est tenu à Moscou un congrès du clergé bouddhiste qui, d'ailleurs, a félicité le pouvoir des Soviets de sa tolérance religieuse. La loi soviétique sur le service militaire libère du service dans l'armée rouge les individus à qui leurs convictions religieuses ne permettent pas de prendre les armes, pourvu que ces convictions soient sincères. Mais le pouvoir des Soviets fait un actif travail d'éducation parmi les travailleurs et interdit sévèrement toute tentative du clergé ou des organisations religieuses pour faire de la religion une arme politique ou pour entraver la marche normale des progrès de l'U.R.S.S. vers le socialisme. Ces tentatives ne laissent pas de se produire encore aujourd'hui. Les travailleurs les combattent par différents moyens, mais sans avoir jamais recours à la violence. Le pouvoir des Soviets, qui n'a jamais employé la violence contre les convictions religieuses, ne l'emploie pas aujourd'hui non plus.

Table des matières

IMPRIMERIE CENTRALE

5 Rue Érard Paris (12e)

www.ingramcontent.com/pod-product-compliance
Ingram Content Group UK Ltd.
Pitfield, Milton Keynes, MK11 3LW, UK
UKHW021554260726
13993UKWH00002B/834